把自己當回事

放大你的優勢、聽懂別人的訴求，
做個擅長溝通的人

楊天眞——著

目錄

推薦序 學習天真好榜樣 脫不花 007
推薦序 用思維抵達天真 李誕 010
推薦序 只對事，不對人 馬伊琍 013
作者序 我就是這麼把自己當回事 楊天真 017

1 真誠是溝通中最重要的，沒有之一

01 越成熟，越真誠 022
02 真誠是避免戰爭的底線 030
03 難道我們可以不撒謊嗎？ 034
04 真誠很痛，但撒謊會痛很久 040
05 我不行，不可怕 045

2 兩點之間，直接最短

01 忘了你是誰了，重新認識一下？ 052

02 假如我討厭你，我就一定告訴你 056
03 你希望我狠一點，還是溫柔一點？ 061
04 我以為我說了，其實我沒有 066
05 為什麼有時候我們要頂回去？ 070

3 「解決問題」不是結果，是前提

01 解決問題要比問題早 078
02 解決問題，讓你更有底氣 082
03 一定要想在別人前面 087
04 誰為結果負責？ 091
05 時刻準備著 095
06 屁股決定腦袋，所以先看屁股 100
07 先確定對方是不是「笨蛋」 105
08 為什麼不可以因為工作而犧牲健康？ 109
09 格局有多大，溝通面向就有多大 114

4 共情的情，不是情緒，是情理

01 不要把情緒當作武器 122
02 「多喝熱水」到底哪裡錯了？ 128
03 「對不起」應該怎麼說？ 132
04 壓力太大，怎麼辦？ 137
05 先說個故事，試試 144
06 如何面對別人的言論和傷害？ 150
07 別做情緒的綁匪，也別做情緒的囚徒 155

5 不是「我和你」，是「我們」

01 別讓「對錯」毀掉溝通 162
02 爲了達成共識，該如何拆解目標？ 167
03 多方混戰，如何平衡局面？ 172
04 我們是一邊的 178
05 不是「都是爲你好」，而是「都是爲我們好」 182

06 共識，是一種相互的淘汰 187

6 找到你自己

01 只有感受，不叫成長 194
02 我想要成功的人生，還是開心的人生？ 198
03 我和自己的優點，熟嗎？ 203
04 不要妄圖去改變所有人的刻板印象 209
05 放棄型人格：不是100%，就是0 214
06 不知道要什麼，先從不要什麼開始 218
07 適合自己的，才是對的 223
08 我在哪個象限？ 227

推薦序

學習天真好榜樣

脫不花

某天早上起床，我發現朋友圈裡很多人傳了一條同樣的短影片，且紛紛配之以類似的發文：「哈哈哈——佩服！」

十分好奇是什麼大事件能夠讓這麼多不同背景、不同年齡層的朋友都喊「佩服」，點開連結一看，發現大家都在看的是這麼一幕：楊天眞小姐在《吐槽大會》節目上穿著亮閃閃的高級禮服「悍然」劈叉。

如果是不認識楊天眞的人，聽見別人議論「你看那誰誰誰劈叉了嗎？」肯定會匪夷所思，不知道聯想到哪裡去了。對於熟悉楊天眞的人來說，雖然也被嚇了一跳，但是又都會聳聳肩：嗯，是她會做出來的事。爲什麼在節目上劈叉？對有的人來說，可能是跟什麼熱度、吸睛、人設有關，但是對楊天眞來說，只是因爲，那個瞬間，她突然想劈個叉。就這麼簡單。

這是瞭解楊天眞的一個捷徑。在認識她之前，我從未見過如此喜怒形於色的人。我們這一代的女性，無論成長背景如何，接受的人格塑造總還是廣義上的「淑女教育」那一套，要溫婉、要謙讓、要低調等等。少數跳脫這個「模式」的人，是靠自己成長過程中的特殊契機，以及鍥而不捨的「戰鬥」才實現的自我解放。

但是，楊天眞不一樣。我和天眞是因爲同在一個班級學習而結識的。那個班級四十多個成員，個個都是公司創始人，換句話說，就是一個比一個「來頭」大。但是，每次上課，無論是面對老師還是同學，天眞才是那個能直接說「你們現在討論的這個問題沒有價值」的人。國王的新衣永遠都由她來戳穿。所以，順理成章地，在我們畢業的時候，爲了維繫整個班級的長期關係，我們一致推選她擔任我們的永久班長。說白了，就是無論男女老少，都折服於她這種直指人心的力量。

她年紀輕輕就顯示出一種「隨心所欲」的能力，心、腦、手，也就是她的情緒感受、理性思考和行動方式之間，沒有障礙物，她彷彿自動運行著一套超級自相一致的智能系統。所以，她曾經說自己的人生觀就是「爽」。我很羨慕這一點。

很多人透過眞人秀、綜藝認識楊天眞，但是在這些節目裡人們其實看不到另外一個楊天眞：一個每年都要送自己去上學，「聲名大噪」之後老老實實去讀研究生，並且認認眞眞寫論文的女生，也是一個爲了開展新業務可以去挨家遍訪行業內所有可觸達同行的女生。所以，在我眼裡，楊天眞有點像隻「微胖的天鵝」：表面上浮在水面悠閒自在、十分優雅，實際上水底下的腳蹼一直在猛勁地撥動。

我一度很怕大家只看到了她的包包、她的珠寶和她的名人朋友們，轉念一想，又覺得可以放心：一個人的奮鬥，像懷孕一樣，日子久了，總會被看出來的。

所以，我建議每個人在翻開她的這本書之前，都可以問問自己：我想看到一個什麼樣的楊天眞？看她的忠於自我？看她的江湖經驗？看她的超常努力？你想看到什麼，你就會看到什麼。因爲在這本書裡，天眞一如既往地坦率和眞誠，該說的、不該說的，反正，她全說了。

我經常看到社交媒體上有人這樣形容楊天眞：slay 全場。我很好奇這個詞到底是什麼意思，就去請教公司的小朋友。他們告訴我，最準確的翻譯是：大殺四方。

好吧，我很希望讀完這本書的每個人都能像楊天眞一樣，擁有這樣的信心和氣場：大殺四方，閃閃發光。

推薦序

用思維抵達天真

李誕

認識天真是六、七年前了，她帶藝人來上我前公司的節目。當時她還沒有如今這麼紅，但已經聽了很多她的傳說，無外乎就是這個經紀人特別強勢、特別難搞。

確實，接觸下來團隊反饋非常「難搞」。天真拒絕了很多要求，整個溝通來回多次。但是她每拒絕一個要求，都會給出相應的理由，以及一個她想好的替代方案。

我印象很深，一個藝統（藝人統籌）跟我說：「我最初的設想都被她打破了，但我又很同意她的說法，我是不是被她洗腦了啊。」我問他：「那你覺得錄製會不會受影響？」他說：「我覺得不會。」

最後錄製順利，效果也很好。

那是我前公司剛剛成立、剛剛開始做節目的時候，我自己也並不清楚怎麼跟藝人團隊打交道。那次合作後的感受是，整個團隊，透過跟楊天真的磨合，都成長了一些。

這背後肯定沒有什麼魔法，靠的就是寫在這本書裡的方法。

楊天真這個名字是她給自己取的，在我看來自然表達了她的一種人生追求。

徐浩峰導演說，稚氣最難，霸氣最易。作為一個站著不說話就能讓人感受到霸氣的人，偏要追求稚氣，實在是合乎命運一貫的安排。

「天真」肯定是該追求的，是我們該走跳江湖重新撿起的人本來就有的東西。

這本書裡的方法，就是這個本名楊思維的人，在一個名利高度濃縮的環境中出社會十幾年後，試圖傳達給別人的「撿法」。

從「思維」到「天真」，老人說改名就是改命，唯物主義說命運掌握在自己手裡，這本書說的是，如何靠思維抵達天真。

過去幾年，很多人成為脫口秀演員——這個我國之前沒有的職業。當這些朋友產生了什麼職業發展的困擾，我有點摸不著頭緒，都會拋出一個最後的解法：「我有個朋友叫楊天真，你聽過吧？我幫你們拉個群組，你有什麼就問她吧，她都會幫你。」

現在我把這位朋友也介紹給你。她都會幫你。

推薦序

只對事，不對人

馬伊琍

二〇二一年一月十日夜裡，楊天眞找我寫序，理由是她覺得我文筆比較好。

我內心小虛榮了一下後立刻答應，還認眞地要她傳新書的電子版給我，大致內容先瞭解清楚再寫。她傳來了，然後我一覺睡醒後就把這事忘得一乾二淨。兩週後，她傳微信跟我說新書快印刷了，就差我的序，我這才猛然想起答應過她的事，馬上說我忘了寫。等我再去點開之前的電子版，發現早已過期無法下載，只好請她再傳一遍，言下之意那麼多天我都沒有打開看過一眼……她一點都不驚訝，立刻重傳。熟悉我的人都知道，我除了台詞記得超熟，其他什麼都記不住，如果假裝說看過了但弄丟了文件，沒意思，還是說眞話更簡單。

點開書的內容，迎面便是她喜歡坦誠。

我認識楊天眞是二〇〇六年左右，那時候只知道她叫楊思維。經紀公司裡的小朋友背後對她微詞頗多：愛穿名牌啊，愛買包啊，虛榮啊，太精怪啊……傳到我這裡，導致我本能地不敢靠近她。直到六七年前我們開始共事，彼此也鮮有交流，不過只要是工作上的事，她一定直接說，不繞圈子，更不會因照顧對方情緒而只說好聽話。討論的時候她說她的觀點，我說我的觀點，碰撞之下有共鳴的直接達成協議，有矛盾的不強求，簡單快速只為解決問題。我想，這還是因為我倆在工作上的共識：永遠只對事，不對人。

二〇二〇年夏天我去醫院看剛切完胃的她，那大概是我見過的有史以來最虛弱的她，即便如此，她還在念叨過幾天要去直播，要去工作。醫生查完房臨走之際，我故意問醫生：「您說她多久可以恢復工作？」醫生「鄙夷」地看著我們一屋子人：「你們都等著她工作養活你們嗎？」大家急忙說：「不是，是她著急要工作！」醫生淡定地宣布：「要工作，三個月以後吧！」同事趁機拿起手機，命令團隊把楊天眞的工作推到三個月後……一週後，她不出所料地恢復了工作，理由是她停不下來。我對自己說，由她去吧，莫勸，那是她的人生，自有她的熱愛與執著，讓她做自己不好嗎？

最近才發現她居然和我喜歡同一句話：雖然我什麼都懂，卻依然天真！一直覺得我就是那個雖然什麼都懂，卻依舊願意天真的人，原來她也是！

在什麼年紀都依然心存天真，多好啊！

作者序

我就是這麼把自己當回事

我爲什麼要寫一本書？

肯定不是爲了當作家，不是要在書裡講述並不漫長的人生中也沒多麼跌宕起伏的經歷，更不是要回應和揭秘那些年的故事與爭議。

與我做過的所有事情一樣，這本書的寫作，目的性很強，是順應需求，是整理思考，是觸達人群。

打從我面對鏡頭，開始上綜藝、開始做短影片和直播後，一直被問同一個問題：你什麼時候出書？

就像大家催我做大尺碼女裝，我立馬就行動了一樣，我覺得需要即市場，我能做好，就去做。

順勢而爲的成長始終是我一路前進的方向，我自知沒有逆流而上的勇氣，更沒有咬定青山不放鬆的執著，舒舒服服地做好自己擅長的事，日子過得開心，收入不錯，也能有成就感。

不糾結，想得開，也許是我最大的個性特點。所以我愛憎分明，喜惡突出，行的馬上就可以，不行的說什麼也沒用。

我會把欲望寫在臉上，把目標公之於眾，成功了就瘋狂讚美自己，失敗了就體會什麼叫痛不欲生。因爲我始終相信眞實地活著，遠遠好過虛僞矯飾。若我自己還有些內容和價值可以分享，也必定毫不保留，貢獻出來，「榨乾」一下。

寫書的過程是一場密集思考下的輸出，也許還有很多精采的故事被遺忘在歲月的浮沉中，也許還有新的收穫來不及整理成看上去尚可閱讀的文字，好在隨著做讀書筆記和記錄思考點滴的習慣養成，所有的思考和總結都不會遺失，如有更新和成長，我會持續奉上。

我沒有寫過序言，不知道要在這裡說什麼高屋建瓴的話，大概就是表達一下我做這件事的緣由。

至於你爲什麼會翻開這本書，那可能就是覺得我所寫的東西，還是有那麼點道理吧。看，我就是這麼把自己當回事。

楊天眞

這本書講的是，
我們應該怎樣和自己溝通、和世界溝通，
以及不辜負自己。
希望讀完這本書，你能找到自己的答案。

1

真誠是溝通中最重要的，
沒有之一

OI

越成熟，越真誠

如果你問我，溝通中最重要的是什麼，我會給出一個很明確的答案：眞誠，沒有之一。

我知道這句話會引來很多的疑問和質疑。眞誠，難道就意味著我什麼都要說嗎？你自己就在娛樂圈裡工作，你做到眞誠了嗎？難道你就沒有撒過謊嗎？你這不是站著說話不腰疼嗎？現在的套路那麼多，我不用套路，難道等著被人套路嗎？那麼多賺到大錢的人都是爾虞我詐，哪裡來的什麼眞誠？我能理解這些疑問的初衷，也明白在如今的環境裡眞誠已經成了一種可貴的品質，甚至帶有奢侈的意味，更明白眞誠這個概念說起來容易做起來難。但是，既然要寫一本書，要談一談什麼叫溝通，那麼還是要談一個問題的核心本質。畢竟，我們交流是爲了解決問題，所以我想說的是：眞誠，是解決問題的最快路徑。

要闡述這個極容易被誤解、被扭曲、被質疑的概念，我們不妨把它拆解成五個問答，以便大家理解。

一、如果眞誠是最重要的，難道我什麼都要說出來嗎？

不是。恰恰相反，因爲眞誠，我們才知道什麼該說、什麼不該說。眞誠是一種交流狀態，不是知無不言的洩底。

舉個例子。如果面試者以前在另一家經紀公司待過，我通常會故意問一下他以前合作過的藝人的保密資訊，比如廣告代言費用。如果對方馬上就告訴我，我反倒不認爲這是眞誠，而會判斷面試者沒有遵守職業的保密原則。如果對方的回答是：「對不起，您問的這個問題我不能回答，因爲這屬於之前公司的商業範疇。我認爲保守秘密是一件我必須遵守的事情。」這反而會在面試過程中加分。這就是眞誠，說可以說的，不能說的也直接表達。如果你能做到這樣，我才能推論出未來如果我們一起工作，你也會對我們公司的關鍵資訊保密，而不會爲了獲取一個工作機會就選擇和盤托出。

眞誠，作爲一種態度，會給我們的表達設定清晰的邊界。正是因爲眞誠，我們才能在保留不說的權利時更有底氣。

二、眞誠沒好處，還要眞誠嗎？

那麼，眞誠的壞處是什麼呢？

我能理解這裡說的好處。一個賣房子的人透過告訴顧客這間房子馬上就要被搶走了，進而激發顧客內心的恐慌，以加快顧客決定的速度；一個學生謊稱生病，可以換得一整天打遊戲的時間；一個下屬騙上司說預算超支是因爲客戶有特殊的要求，然後從中揩油……當然，這些都是好處。但是這樣的好處，有哪一個可以持續？有哪一個可以積累成更好的經驗和成長？有哪一種溝通可以做到永遠都是一錘子買賣，騙完這個騙下個？

資訊不對等是一種手段，很多生意都是靠資訊不對等才達成的，但是資訊不對等不意味著撒謊。兵不厭詐，「詐」是一種特殊手段，但我們不能把它作爲一種溝通的常態。

有效的溝通，通常要求的是穩定的溝通雙方，而大買賣都是源於持續不斷的小買賣。

小聰明耍多了，給人留下的是滑頭的印象，失去的是對整個人的信任感，在關鍵決策的時候，這種給人的印象分數是很重要的。你會把生意交給一個你並不信任的人嗎？耍滑頭的方式或許可以一時達成目的，但這樣的人永遠不會被放到一個平等合作對象的位置。不眞誠的次數多了，我們丟失的是更大的目標和成績。這樣算算，哪個划得來？

三、你要我們眞誠，那你覺得現今的大環境夠眞誠嗎？

非常抱歉地告訴你，我認爲現今的整體溝通環境不夠眞誠。看看溝通中洗腦和PUA（原指搭訕，現多指情感操控的手段）的流行，看看很多人對眞相第一反應的遮掩，就能知道，撒謊在某種程度上是人的天性。眞誠的態度，是要與人性中的自私和貪婪對抗的，甚至要直接面對自己的很多問題，承擔更直接的責任。

我個人非常反感「洗腦」這個詞，它是一種管理上的選擇，能夠在最短時間內粗暴地統一很多人的共識，形成沒有反抗和思考的結果，且效率很高，但這違反了我對於溝通的理解。

我們所從事的內容性工作對人的個性化要求非常高，因爲這樣才能創造價値。但是，如果我們抹殺掉溝通中的眞誠，否定溝通中的多元，那整個群體的創造力也會同時被扼殺。

PUA就更不用說了，使用那麼多的套路和伎倆，就是爲了控制別人，達成自己的目的。PUA的核心是溝通雙方的不平等，如果不用些手段就沒法達成目的。從本質上來說，雙方並沒有獲得一種眞實的關係，只是透過暫時蒙蔽他人而達成的一種臨時性信任，而這種信任是非常容易破滅的。

我一直堅持一個觀點：在事情上，你可以用各種各樣的手段，但在人身上，就不要手段了，在人身上使用的所有手段，最後都會反噬。眞誠，說的就是人與人之間的關係，所有的不眞誠可能會在短期內給你帶來好處，但是從長期來看，都是給自己埋下的雷。

四、別人都不眞誠，我也要眞誠嗎？

是的。因爲大家都不夠眞誠，所以你更要眞誠。

我們無法瞬間改變這個不夠眞誠的大環境，但我們至少可以控制自己，讓自己從一個更長遠的角度去理解溝通。我們和別人說的、對別人做的，無時無刻不在傳遞一個訊息：我是誰。

我把自己當成一個誠實守信的人，我就會特別在意我是不是留給別人這樣的印象。我不希望別人覺得我是個不講信用的人，所以我會努力去約束自己的行為。如果我不把自己當回事，而把自己當成一個賴皮的人，我就會坑蒙拐騙。

在乎真誠，這是一個做大事的人最終能成功的原則之一。

五、你看那些有大成就的人，誰贏得世界是透過真誠？

每一個有大成就的人，都明白真誠的重要性。越成功，就越渴望真誠。

我有一個很深的體會，隨著人生境界越來越開闊，我們一定會越來越真誠。隨著你個人的職業進階，你會遇到越來越多成熟的人，他們工作狀態成熟，情緒也成熟。和這樣的人打交道，我們就會越發感受到真誠的力量。這些人都有識人辨人的本事，能洞悉人性，我們要的小聰明在他們面前會暴露無遺。一旦你養成耍小聰明的習慣，當人生進階的時候，你就會被識破，自然也會很快遇到瓶頸。也就是說，你遇到人生晉級的屏障不是卡在能力上，而是卡在人性上。

我們每個人都渴望被眞誠相待。不眞誠的伎倆可能會在一開始讓你找到一條近路，但這條路一定走不遠。

我們的生活中從來不缺少那些自稱能顚倒黑白的「鬼谷子」，也不缺少把不眞誠的溝通術奉爲圭臬的營銷大師，更不缺少相信「不眞誠」能夠爲自己吹出一片天的懵懂盲流。之所以會有人覺得眞誠可笑，是因爲他們困在了由「不眞誠」構建的小世界裡，吃慣了因爲「不眞誠」而騙來的糖果，進而喪失了對人的基本判斷。

人性中的惡會讓我們的一生遇見很多不眞誠。就像我在回答這五個問題的時候所強調的，別人的不眞誠、大環境的不眞誠，都不能成爲我們自己不眞誠的理由。因爲當我們眞的看得夠高、夠遠的時候，就會發現：哪怕只有一毫米的差別，眞誠，還是比不眞誠高。

02

真誠是避免戰爭的底線

對於每個中國人來說，買房都是一件終身大事。所以，在買房過程中的所有溝通都是關鍵溝通。正因爲這個溝通太過重要，所以在和房產銷售或仲介溝通的過程中，常常伴隨著很多套路與反套路，我想每個接觸過這方面的人都深有體會。

前段時間，我去一棟大樓看房子，就發生了類似的事情。當時房產仲介向我推薦了兩個戶型，先帶我去看的是B戶型，面積較大，隨後又帶我去看了A戶型，面積稍小一些。接下來的溝通讓我非常驚訝。因爲在向我介紹這兩個戶型的時候，對方只說B戶型的優勢，卻沒有告訴我B戶型的任何缺點。在推薦B戶型的過程當中，對方還不斷地向我列舉A戶型的諸多缺點，用不斷貶低A戶型的方法來讓我覺得B戶型是理所應當的最優選擇。

這樣的溝通方式讓我在內心深處自動開啓了防禦模式。我不用問就能知道B戶型是房產仲介的KPI（關鍵績效指標）。瞭解下來果不其然。A戶型只剩下一戶，比較搶手，他們不想在短時間內賣給我。B戶型剩餘量較大，他們想快點出手幾戶。

毫無疑問，這位仲介的溝通策略和溝通方式非常失敗，因爲這其中缺少最基本的眞誠。一個好的溝通機制必須告訴消費者A和B各自的利弊，然後把選擇權交給客戶。客戶會根據兩戶房子的差價和各自的優缺點，結合自己的經濟情況和具體需求做出選擇。而只挑一個的好和另一個的壞，完全不是理性的比較與分析，只會讓我覺得這家仲介不太可靠。那麼顯而易見的優點都可以視而不見，於是我馬上就有了方案和防備。**缺乏眞誠的目的性是很容易讓人洞察到的**。

說到這裡，你可能會爭論：很多溝通在本質上就是一種攻防狀態，比如在商店討價還價，在商業談判中爭取自己的利益等。這些溝通不就是需要溝通者具備進攻和防守的能力嗎？這一點，我不否認。關於價格，關於利益的溝通，必定充斥著資訊的不對等以及心態和能力的博弈。

好的溝通，可以是一種攻防狀態，但絕對不是一種戰爭狀態。攻防是你來我往，戰爭是你死我活。一旦勝負心爆棚，或者目的性太強，溝通的雙方就會喪失理性的判斷，而只想著在溝通的路徑中加入套路和障礙，因爲成王敗寇，誰都不想成爲那個狼狽的敗方。一旦內心建立這種充滿硝煙的戰爭模式，溝通者就會覺得對方是來搞定我的，或者是來攻擊我的，這種草木皆兵的應激狀態反而不利於溝通者在傾聽這個環節中理解對方的用意。

我想指出的是：**在溝通中，眞誠的態度會爲我們在制定策略和推進溝通的時候設置一個起碼的底線，這個底線可以讓雙方在互相信任的狀態下進行溝通。**這不是讓你做「傻白甜」，有什麼說什麼，別人說什麼信什麼，這裡的眞誠是指你應該掌握一個基本的溝通機制。沒有人是傻子，當我們的不眞誠引起對方的警覺時，就是在給自己埋雷，給自己設限。眞誠聽起來很感性，好似一種情感上的選擇，其實眞誠也是理性的。攻防機制是常態，如果不眞誠都已經引發了火藥味或者使信任銳滅，就得不償失了。

我特別喜歡幾年前一位大學教授講過的一個比喻。我們社會上的每個人都站在同一個水平面上看前面戲台的戲，本來大家都好好地站著，誰都擋不到彼此。突然，有一個人爲了能夠看得更清楚，就在沒有和大家商量的情況下踮起了腳。大家勸他，他不聽，於是他後面的人也只能無奈地踮起腳。這樣的行爲輻射開來，導致前後左右的人都踮起腳。到最後，每個人都踮起腳，這和剛開始大家沒踮腳時是一樣的效果，只不過每個人都很無奈、很累……

這是一件很遺憾的事情。當普遍的信任度降得很低時，眞誠就成了一種很奢侈的事情，甚至會讓人覺得划不來。加上有太多的「溝通大師」都在教大家如何使詐，讓大家誤以爲溝通的現場就是一個個戰場，所以大家都把自己調整到一種打仗的狀態，準備衝鋒陷陣。

但是，槍聲一旦響起，哪裡會有眞正的贏家呢？

03

難道我們可以不撒謊嗎？

我叫楊天眞，取自非常喜歡的一句話：「她什麼都懂卻還那麼天眞。」請放心，我沒有天眞到認爲人可以做到不撒謊，也沒有天眞到認爲撒謊就是一種不可饒恕的行爲，更沒有天眞到認爲我們應該放棄談判中的所有策略。

人，從來都不曾擁有過絕對的眞實。一個好的溝通者，從來都需要根據具體的情況來判斷哪些該說、哪些不該說。那爲什麼我還要在談及眞誠的時候，強調我們盡量不撒謊呢？原因可以總結爲以下三點。

一、撒謊浪費時間，浪費精力，浪費情緒消耗。

說了一個謊，就是開啓了一個無限循環。因爲你總要用一個謊言去塡補前一個謊言的窟窿，任何一個環節忽略了，謊言就面臨被拆穿的危險。而謊言一旦被拆穿，當時因爲撒謊而獲得的東西就會馬上失去。

我最不能理解的就是很多初入職場的年輕人喜歡在小事情上說謊。比如，今天遲到明明是自己起晚了，一定要說是來之前去見了一個客戶；明明今天早退就是想去逛街，卻要說去見客戶；明明工作上的小失誤緣於一時的粗心，卻偏說這是客戶的要求。我就想問，難道客戶沒有自己的人生嗎？

其實老闆很多時候都抱著「人艱不拆」❶的心態，能放過就放過，但是你要記住，一旦說了謊，就得用額外的消耗去圓謊。你得提前編好一段與客戶之間並沒有發生的對話，以防老闆第二天問起。這是不是要占用更多的時間？這不費腦子嗎？萬一早退逛街的時候，正好被眞正去見客戶的同事撞見，尷不尷尬？這不是一種情緒的消耗嗎？

二、謊言有即時的好處，卻有長久的隱患。眞誠或許無法及時獲利，但從長遠看，能創造益處的積累。

我們都困在時間的面向裡，只有到後來才會發現，時間長了，謊言給我們的東西只會越來越少，而眞誠帶給我們的東西才會越來越多。

舉個例子，曾經有一個員工在辭職前給我的理由是去醫院看病，但巧就巧在，我在她請假看病這天的同一班飛機上遇見了她和她下一家公司的同事。一下飛機我就把她列入黑名單了，或許對她而言，失去我並不重要，但是她忽略了一件事，就是千萬不要把別人當傻子，如果這樣的謊撒多了，她在日後的工作中，就會多出一道道牆，而不是一條條路。

作爲公司的CEO，我一直鼓勵提出辭職的同事能夠講出自己眞實的原因，也會給出自己眞誠的建議和祝福。千萬別告訴我，你要出國留學，或者回老家照顧身體不好的父母，然後改天在別的公司裡碰見你……我理解年輕人的心情，覺得有時候撒這種小謊沒關係，其實越是小事越不需要抗拒說出眞相。鼓勵大家眞誠的原因是它有可能會為你帶來更好的結果，比如公司願意留住你進而開出更好的條件，部門願意留住你而做出你想要的變動，這些結果如果沒有眞實的表達是沒辦法得到眞實反饋的。即使以上都無法達成，至少在你離開公司之後，未來也還會有合作的機會和可能，畢竟買賣不在人情在。

三、謊言最大的壞處不是欺騙了別人，而是欺騙了自己。

我們都困在一種「利己」的執念裡，相信生活中的每一個選擇都應該朝著對自己更有利的方向。最後不知道是騙了別人，還是騙了自己。

以前簽約藝人的時候，我總會很直接地問：「你最在意什麼？」並強調希望他們如實相告。如果一個藝人能夠直面眞實的自己，告訴我他就是想紅，對於這一點，我沒有任何意見。每個人的人生目標不同，自然就會有不同的追求。對於這種類型的藝人，我就會在後續的工作挑選和安排中更側重有關知名度和影響力的選項。如果一個藝人告訴我，他最在意的是作品，那我就會把一些對「紅」幫助很大卻並沒有太高品質的東西排除。對他來說，穩扎穩打地磨鍊出好的作品才是關鍵。如果我發現一個說自己最在乎作品的藝人從來不好好地研究劇本，挑戲只看對手戲演員的咖位，或者在接活動的時候只在意對方的出價而不是活動的內容，我就會覺得他「言行不一」，而且會給團隊的執行方案帶來困擾，因爲我們努力的方向可能並不是這個人想要的。

「最在意作品」的謊言不僅浪費了公司的資源和各自的時間，同時也暴露出一個很重要的事實：他無法面對自己的內心。人總得知道自己要怎麼活啊。當然，分辨自己的眞實目標需要一些時間，但刻意的掩飾就會讓合作對象很沮喪，因爲所做的事情全是白費。謊言不總是說給別人聽的，最可怕的謊言是那些用來欺騙自己的，因爲說著說著連自己都信了，從此就生活在一片幻象當中。

倉央嘉措有一句非常流行的詩：「一個人要隱藏多少秘密，才能巧妙地度過一生？」如果我們眞的把這句詩看作一個認眞的問題，那我的答案是：「越少越好。」我們已經有太多挫折和磨難要面對了，何必把精力和時間花在撒謊上呢？請再眞誠一些。

我並不是鼓勵大家在不具體分析的情況下，只能眞誠，不能撒謊。我是在鼓勵大家：要知道誰和你的根本利益一致，要知道如何與夥伴相處，要知道眞誠是一切合作的基石。有個說法很流行：「聰明人總會在合適的時機選擇合適的謊言。」但現實情況是，我們大多數時候都不夠聰明，不是嗎？如果有些事情說不出口，最後讓我引述一句國學家季羨林老先生的話：

「假話全不說，眞話不全說。」

注❶：出自歌手林宥嘉《說謊》歌詞：「人生已經如此的艱難，有些事情就不要拆穿。」兩句話取其中四個字，成了新新人類的新詞彙。

04

真誠很痛，但撒謊會痛很久

有一對情侶，兩個人都是我的好朋友。分手的時候，男生對女生說是因爲父母不同意他們在一起。女生打電話給我告知了這件事，她很困擾，兩個人感情明明很好，怎麼遇到了父母的阻力，不一起去克服，反而就這樣放棄了呢？就像我們都猜到的一樣，事實並非如此，來自父母的阻力只是一個藉口，直白一些講就是男生不夠愛了。

他後來和我講起這件事情的時候，我一直問他爲什麼不能如實告訴對方。答案是害怕，怕眞實的原因傷害到女生，而他最不想做的就是讓她受到傷害。在我看來，這樣的不眞誠才會對女生造成更長久也更深刻的傷害。

因爲這個理由是沒辦法讓女生理解的。本該屬於兩個人的感情，難道抵不過父母暫時的反對？那爲什麼我們連一點點努力都還沒有做過，一點點爭取父母理解和轉變的嘗試都還沒有進行，就放棄了？在不解和困惑中，這個陰影會一直盤踞在女生的心裡，很久都消散不去。甚至在她未來的情感路上，來自對方父母的意見和態度都會變成一塊路標，牢牢地立在路邊，讓她敏感地誤認爲無論雙方如何認定彼此，來自父母的力量都可以爲這段感情敲錘定音。

這個男生當時的想法其實代表了很多人在溝通當中的一個誤區，那就是正面的衝突和殘酷的眞相一定要避免，爲此他們用撒謊來逃避和遮掩……這樣的想法讓溝通變得扭曲，眞正的問題被虛假的說辭粉飾，埋下了有可能在未來越來越嚴重的隱痛。其實眞誠就像是一場快刀斬亂痲的手術，當時可能會痛徹心扉，但是只有徹底清創，對症下藥，我們才可以好得徹底。

說到底，那個謊言又豈止對女生造成了傷害，在後來很長的一段時間裡，男生都心懷愧疚，非常強烈的愧疚。他怪自己當時爲什麼沒有勇氣把眞實的想法和盤托出，也有了遲來的領悟：對於女生而言，只要告訴她其實自己沒那麼愛了，或者有了別的選擇，就算她一定會傷心，也會學著放下。一段扎扎實實投入過眞情實感的親密關係，哪怕結局未能如開場所願，也必定需要一個有血有肉的結尾。不管是男是女，都可以接受自己不被愛或者被放棄，但都絕不想在欺騙中不知所以。

前不久，另一個朋友遇到了一個難題。他離開了和自己在一起八年的女友，選擇了另外一個女生。我知道，這是一個看起來有點渣男的劇情，但這還不是重點，重點是他和這個女生在一起沒多久，恍然發現自己深深愛著的且和自己眞正合適的還是前女友，並希望復合。朋友問我到底應該怎麼和現任女友說，如果坦白自己希望和前任復合，現任女友會不會受不了；他是不是應該編一套謊話，先分了再說。

我當然是鼓勵他說實話，就直接告訴這個女生自己還愛著前任，想和她復合。不料我剛說完，他就流露出一副「早知道你會這麼說」的表情，原來他已經問了十幾個女性朋友的意見，令他意想不到的是，幾乎所有人的答案都一模一樣：說實話！

在我看來，**溝通不僅是對現在負責，更是對未來負責。眞誠有可能會傷害現在，但撒謊傷害的是未來。**勉強的藉口或者突然的失聯會讓人覺得莫名其妙，這種感受比知道眞相更讓人難以接受，會讓她發覺自己的時間錯付了。我爲什麼會和這樣的人糾纏在一起？我爲什麼會遭遇這麼糟糕的一段感情？而這些就像是一個永遠沒有辦法痊癒的傷口，一直提醒著她痛苦持續存在。

最終朋友選擇如實說明自己的想法，並表達了愧疚和歉意，那個女生也如我們所預計的一樣，非常痛苦。必須承認的是，即使有了眞誠的加持，這個朋友對於感情的態度，我依舊不提倡、不認可、不贊同。因爲這些一定會給對方帶來傷害，但我們也知道，當下來自這段感情的痛苦是具象的，因爲眞誠沒有給她誤解和胡思亂想的空間。她會對這個人心死，也會在遇到下一個人的時候復活。

有一個故事很老套，話說眞實和謊言一起去河邊游泳，謊言比眞實先上岸，穿著眞實的衣服先走了，但是眞實不願意穿謊言的衣服。從此，人們寧可相信穿著眞實衣服的謊言，也不願面對赤裸的眞實。我相信坦白的力量，並且堅定地主張眞誠，其實就是爲了讓我們能夠理解赤裸的眞實，因爲不管謊言穿的衣服多麼眞實，它還是謊言。**我們每個人在溝通中都一定會有這樣的困境：說謊會輕鬆一下，會把痛緩解一些，會讓場面更好看一些，但是這個謊言會留下一條長長的尾巴，這條尾**

巴會波及之後的種種。

反過來，雖然把真相說出來會尷尬，會有陣痛，但這些都是當下的，尷尬過了，痛過了，真誠不會有後遺症，還會把副作用降到最低。

05

我不行，不可怕

剛開始工作的時候，我非常希望可以多多地接觸和學習各種新事物，什麼事都喜歡搶過來做。但人的時間和精力是有限的，再加上青澀的自己還沒有很多成熟的經驗，所以做事難免會有遺漏或者犯一些小錯誤。這是很多新手在初入職場的時候都會犯的錯誤，並不奇怪。而這裡我想強調的也不是做錯事，是做錯事以後。每當答應的任務沒有完成，或者搞砸了一些事情時，我們總要硬著頭皮去向老闆解釋。現在回憶起來，我當時最大的問題不是太過高估了自己的時間、精力投入，而是不夠眞誠。老闆問爲什麼會出現失誤的時候，我就會把那些做得非常好、非常漂亮的事情先拿出來彙報，解釋自己是由於這個工作導致了一點點疏忽。用足夠優秀的成績來逃避可能會有的責難。

現在自己做了老闆，回想當時的情景，才發現老闆只是想知道你到底可以負責多少事情，承擔多少責任。如果這件事情你已經分不出足夠的精力，交給其他人就好了，避重就輕的行爲反倒會在老闆那裡減分。第一，這會讓自己顯得眼高手低，能力值不匹配。第二，這會讓同事誤解你好大喜功，什麼事都往自己身上攬，容易不合群。最後，這會顯得自己特別沒有責任心，老闆會擔心整個團隊因此受到影響。

不知道從什麼時候開始，「我不行」變成了一句讓大家害怕的猛虎之詞，彷彿說出了這句話，就會斷送自己和工作一般。其實，在生活和工作中，我們就是會有很多不行的時候。時間不夠，精力不夠，能力不夠，見地不夠，這些「不夠」都可能導致「我不行」。這些都不可怕，最可怕的是我們因爲擔心而選擇了不眞誠，導致最後眞的不行。

面試中，除了被問及自身的優點，也常常會被問及缺點和不足：「你的缺點是什麼？」這個問題所探討的不僅是你目前的短處，還有兩個重要的層面：第一，你是否能夠眞誠地面對自己的局限，並且坦誠地表達出來；第二，你是否有一個持續學習的態度，並且努力地克服自己的不足。如果面試者含糊其詞，或者避重就輕，貌似遮掩了自己的缺點，實際上是給自己埋下了一個更大的雷。

以上部分是從個人的角度分析了關於「我不行」的溝通，換一個角度，我們把視野擴大一些，從團隊的角度來看這個問題，會更有收穫。

坦然地接受自己的缺點，並且在團隊中避免因爲自己的缺點而造成損失，這一點看起來很容易像是在爲自己的懶惰找藉口，但的確是團隊行爲最大化的一種有效機制——把最擅長的人放到最合適的位置。**因爲我們必須接受一個很殘酷的現實：有些缺點，我們可能一輩子都改不掉。**就像我之前說過的，與其花這麼多精力去補短處，不如花同樣的力氣去提升長處。每個人都一樣，有不擅長的事，就一定有擅長的事。**把自己不擅長的空間騰出來，不僅是爲了讓其他擅長的人大顯身手，更是爲了讓自己有更大的空間和更多的時間去做可以讓自己發光發亮的事。**

工作中，我發現自己不適合那些推進細節的談判，比如已經和客戶達成了合作意向，接下來需要不斷地對成本或具體細節反復協商、校對、磨合。這方面，公司裡很多同事比我做得更好。如果這是一個八字還沒有一撇的合作，尤其對方是大品牌，我就非常能發揮自己的特長，用創意和概念去打動對方。所以我們只需要出現在最適合自己的位置上，完成各自最擅長的部分，自然就會實現資源和效果的優化配置。

勇敢地說出這一句「我不行」，這一份眞誠其實有更大的度量，因爲擁有大局觀的人往往會更加明白自己的弱點，並用整體的優點去彌補它。如果因爲害怕丟臉，害怕失去表現的機會就把所有事攬在自己的身上，由此導致的損失往往超出我們的設想。

我不行，不可怕。我說我可以，最後卻不行，才可怕。

小作業

今天晚上你約了好朋友一起看一場演出，門票非常難買。跨部門的同事突然傳來訊息：「×××專案的同事出差了，你晚上可以幫忙把專案資料送到外地嗎？」

此時，你會如何應對？

2

兩點之間，直接最短

OI

忘了你是誰了，重新認識一下？

我的微信好友裡大概有七個 James，和其中一個的相識最有戲劇性。

故事的開場源於一次拍攝，我需要聯繫一位相熟的攝影師 James，發了信息過去。對方很快回覆，語氣熱絡，約好了時間地點，只等到時開工。後來臨時取消了這個工作，對方才坦言，其實他不認識我，也不知道我是誰，雖然知道我約錯人了，但還是想來體驗一下拍片現場。我感到又尷尬又好氣又好笑。後來我和這個 James 成了朋友，但這並不能彌補這次無效溝通給我們帶來的損失：既影響了工作，又浪費了時間，還誤會了感情。

講這個故事是想說一說溝通中的尷尬問題。我們對尷尬總是本能地充滿恐懼，能逃避就逃避，實在逃不掉，往往會選擇用迂迴曲折的方法來淡化它，或者轉移它，卻很少有人選擇直接面對。

從那以後，只要在微信上發現一個完全記不起來的人，我會先查聊天紀錄，再翻翻朋友圈，如果兩者都看不出他是誰，我就會直接刪掉。如果對方的朋友圈比較有意思，我就會直接發微信過去：「我是楊天眞，對不起，我在整理通訊錄，想不起來你是誰了，能告訴我一下嗎？我會重新做好備注。」如果他不回，我會直接刪掉。如果他回覆，我正好可以藉此和他有一個比較直接的溝通。

說到底，微信作爲社交工具，避免了面對面即時交流的尷尬，預留了緩衝的空間。回到現實生活中，我們有時會遇見更爲棘手的溝通時刻。舉個例子，在一個派對上，遇到一個人和你打招呼，你卻完全不記得他是誰了。他走過來開啓了一段對話，這個時候你會怎麼做？大多數人會選擇先溝通幾句，試圖喚醒一些回憶，如果實在喚醒不了，有可能會找個理由走開，或者想方設法地套取更多資訊。最後很有可能談話結束了，你依舊不知道對方是誰。以前的我也會這麼做，但現在再遇到同樣的狀況，我就會很直接地跟對方說：「對不起，我眞的忘了你是誰了，我們能重新認識一下嗎？」

仔細想想，之所以會有這樣的轉變，原因大概有三個：第一，誰都不是傻子，你如果眞的不記得了，傳達出來的資訊是可以被對方隱約察覺到的，有的人會主動再介紹自己，有的人則繼續裝傻，看你能撐到什麼時候。第二，既然對方過來和你主動說話，無論你是出於維護一段關係，還是聯絡一下感情，總歸雙方的一個共同訴求是彼此相識且有意願保持下去。第三，如果對話已經結束，你還不知道對方是誰，那剛剛已經發生的這場溝通除了貌似緩解了表面的尷尬，並沒有任何實際的作用，毫無意義。

太過直接也好，簡單粗暴也罷，它都屬於我理解意義上的有效溝通，因爲溝通過後有問題被解決或有共識被達成。「對不起，忘了你是誰了，重新認識一下？」雖然這句話對氣氛有一定殺傷力，但它起碼能確保我們的談話不會陷入內容上的僵局。

那麼，到底什麼才是眞正的尷尬？在我看來是體驗層面的不平衡。我們講溝通，常常會把「不要讓對方尷尬」作爲溝通的重要前提。但無論這個前提多麼重要，都不能因此而犧牲了內容，或者犧牲了效率。在故事的場景裡，如果你不具備記住所有人名字的能力，你就已經讓他尷尬了。任何迂迴婉轉的方式都不如直接告訴他，給彼此重新認識的機會，建立一個新的連接，也開啓一個新的人際可能。

在溝通中，尷尬也許會讓人不舒服，但它絕對不是最重要的問題，反倒是我們太過於害怕而選擇逃避，才會造成更大的問題。要解決尷尬，應該從降低對它的反應度開始。有些一團和氣在表面上彷彿會讓場面維持平衡，卻丟失了效率。反過來，**「對不起，我真的忘了你是誰了，我們能重新認識一下嗎？」看似在特定的瞬間不夠穩定，卻是用最直接的方式面對了尷尬，也接住了尷尬。**

02

假如我討厭你，我就一定告訴你

有一次我準備去參加一檔綜藝的錄製，在嘉賓名單裡看到了一個我非常討厭的人，我跟主辦方說：「不好意思，你可能需要做一個決定了，找我還是找他。因爲我很討厭他，沒辦法跟他溝通。」主辦方的工作人員沒弄懂我的意思，說：「這有什麼難的，你不理他，忽略他就好了。」問題的關鍵恰恰在於無法忽略。

相信絕大部分人都一樣，沒辦法做到完全將情緒從工作中抽離。我很尊重這個綜藝團隊的努力，所以我希望如果接下這份工作，我可以盡全力做好。如果有一個我很討厭的人在這個節目裡，我就很難保證自己的狀態了，因爲這個時候，我的情緒占了上風。我們在溝通中經常會碰到這樣的情況，如果有個人過來對你說：「你如果控制不了自己的情緒，就說明你還不夠成熟。」那麼我會認爲這個人根本就不懂得溝通。**在溝通中，情緒是需要被保護的，而不是被操控的。**

還是這件事情，假如我們在重要性上做一個排序，我覺得我的感受是更爲重要的，我會去保護我的情緒。換個角度，我會選擇和主辦方說：「你們一定要告訴他我討厭他，如果他選擇參加，很可能會面對我的疾風驟雨，要做好準備。」對我而言，公平非常重要，如果這個嘉賓不知道我內心的眞實感受，來錄節目時面對我的情緒，我會覺得對他非常不公平。如果資訊是對等的，他依然願意，我們再談怎麼辦。我知道這個事例聽起來似乎很任性，但是我非常希望可以透過這個故事聊一聊溝通中的邊界。**談起溝通，我們一般總會想著去「連」，連結人與人，連結情感與情感，也連結結果和原因。好的溝通者不僅會「連」，還要會「斷」，會切割，會分離，由此確立自己溝通體系中的邊界。**

至於邊界的意義，我們就拿表達對一個人的厭惡來舉例。

第一，在確立溝通對象與自己的關係時，「討厭」是一種極端狀態。它和「不喜歡」「不熟」「不想」是完全不同的。「討厭」是你根本不想在這個人身上花哪怕一丁點的時間，所以讓他知道你討厭他，也就設立了一個清晰的邊界，你們的世界才會主觀地分離開來。人與人之間的邊界是一種主觀的選擇，極端狀況下的清晰度越高，效率越高，浪費的時間也就越少。

第二，這句「我討厭你！」不僅是說給對方聽的，同樣是說給彼此之間能夠產生交集的朋友聽的，因爲我不想讓別人覺得我們是朋友。假如表達模糊，共同好友的飯局把我們約在一起，狀況會更尷尬。只有確立了界限，朋友才會盡量把我們分開。對更大的範圍而言，圈子與圈子之間的交集總會涉及更多不同的參與者，你自身的邊界越清晰，參與者就越能做出準確的判斷，不讓彼此難堪。

第三，我們明確表達對一個人的厭惡，同樣也是一次態度的宣言。作爲成年人，我們不會無緣無故地討厭一個人，討厭背後隱含的邏輯是對他所持有的全部或者某一點的價值觀、人生觀和世界觀的不接受或不認同。與這個人設立邊界的同時，我們也是在爲自己的價值系統設立紅線和坐標。道不同，不相爲謀。

我還有一點私心——如此拚命地工作，提升自己，就是爲了創造一個更自由的環境。如果我這麼努力地工作，還需要跟我討厭的人待在一起，無端消耗我的情緒和精力，豈不是太失敗了？當然，可以讓我眞正跟對方說「我討厭你」的人也就那麼幾個。

之前我在小紅書上發了一篇文章，內容是關於我的一個態度：不借錢。文章一發出去，馬上就看到了非常非常多的留言。有說我太殘酷的，有說我沒人情味的，也有說起自己曾經在艱難時從朋友那裡借到了錢並得以東山再起的……我必須承認，在借錢這件事上，每個人都會有不同的想法，而我的主張是設立一個清晰的原則給自己，根據這個原則，所有的意外情況都可以更加具體地去分析和處理。

針對大家的疑問，我的回覆是：如果朋友、親戚少了這筆錢就沒辦法度過難關，而我又恰好具備這個能力，我會選擇送而不是借。如果朋友向我借錢只是爲了買一份保險或者買一個包，我絕對不借。爲什麼你自己的額外需求要讓別人來買單？如此一來，身邊的朋友都會知道我的態度，所以我也就不太會有這方面的困擾。如果眞的有因爲我不借錢就疏遠了的朋友，我想我們大概也會因爲別的事情在途中走散。

底線不是一條黑漆漆的死線，它的作用是給我們提供一套完整的行爲方式準則。而邊界意識也給了我們在溝通過程中可以說「不」的勇氣。

03

你希望我狠一點，還是溫柔一點？

溝通中的直接有千萬個好處，卻有一個現實的缺點：如果處理不好，會很尖很銳，容易戳到人。

拿職場中的溝通爲例，老闆要炒下屬的魷魚就是一個非常典型的艱難溝通場景，之所以會開除這個員工，原因一定是不太好聽的：能力不足、態度很差、不懂合作、不夠勤奮……哪一個原因說出來都會讓對方備受傷害。一些人會選擇在零交流的狀態下一走了之，這樣看起來似乎對雙方而言都更省時省力，也避免了一些極端情況下的衝突，但不是我鼓勵的做法。因爲在這樣的關鍵時刻，如果不弄清楚自己被淘汰的原因，同樣的情況很有可能會換到另一個場景中繼續重演，所以我非常鼓勵大家勇敢地利用這最後的機會好好問一問原因。

如果是我的工作人員來問被解雇的原因，我一般會有這樣的開場白：「你是希望我在表達上狠一點，還是溫柔一點？狠一點可能會讓你不舒服，但可以一針見血地直指我發現的問題，以及對此提出的一些建議。溫柔的表達會比較委婉，但我不確定我的想法是否能夠被精準地傳達和感受。」

這個問題所體現的是溝通中的一個重要概念：預期管理。也就是給了對方心理認知和選擇上的充分主動權。因爲在溝通中突如其來的直接有可能會在情感上擊潰對方，而情感一旦崩潰了，所有的內容都會白費。

預期管理包含三個步驟：

第一步，奠定基調。

很多人說話時經常會有這樣一句開場白：「我這個人比較直，若說了什麼您別介意。」這其實就奠定了一個溝通的基調。「你最近怎麼胖了？」「你這事做得不實在。」「你穿這件衣服眞難看！」……性格直爽的人總是有什麼說什麼，這些話很容易在沒有奠定基調的情況下冒犯他人。如果我們做好了預期管理，溝通者就會提前讓對方明白自己的語言來自性格而非惡意，並提醒對方不要把一些因爲耿直而脫口而出的話放在心上。

我不止一次地強調過，好的溝通需要坦誠的態度。而預期管理的出場正是坦誠態度的一種表現：「接下來我要和你說的是我的心裡話，它可能不好聽、不中聽，卻代表了我最眞實的想法。」我們需要在談話的一開始就奠定這樣的基調。

第二步，把決定權交給對方。

許多人可能都痛恨一句話：「有句話，我不知該不該講。」因爲跟在這句話後面的內容多半都是不該講的。不得不說，雖然這句話令人討厭，但是「該不該講」這個表達確實是一種預期管理，作爲選擇方是可以表達自己的意見的。如果是我遇到這個問題，我就會回答：「你想講就講，不想講就算了，但是請你想清楚再講。」

我的回答也給了對方選擇的權利，我希望對方能夠重新權衡自己接下來要說的話的分量。我已經把狀態調整到眞誠的頻道，而對方可以根據自己的意願做出決定。

第三步，讓對方做好準備。

很多時候，記者在採訪過程中會對問題進行標記，「接下來問的這個問題可能有點尖銳」。新聞學的主流觀念會認爲這句話不準確，因爲一場好的訪問是不可以讓被採訪者預知接下來問題的屬性的，這樣會讓對方產生防備心理。但放到溝通的場景中，這樣的提醒恰好是一種良好的預期管理。

如果你接下來要講的內容眞的很尖銳，或者讓對方比較緊張，不好回答，則應該透過提醒，讓對方在心理上做好充分準備，不會因驚慌失措而造成溝通過程中的語言變形。所以在日常生活的對話中，一旦要口出直言，你不妨加上一句：「接下來我要說的話可能不太好聽。你還想讓我繼續說嗎？」在溝通中做好預期管理，能夠讓對方提前做好接受的心理準備，實際上是爲「直接」設立了一個緩衝區。雖然直接在溝通中很重要，但並不是每個人都能接受的。站在對方的角度去思考，我們就能夠明白：直接讓意思的表達能夠盡可能準確，而預期管理則是讓直接能夠盡可能地照顧到溝通中的情緒，讓對話的雙方都不至於被直接的尖銳所傷。

回到文章開頭「你希望我狠一點，還是溫柔一點」的問題。在我經歷的類似事件的談話中，很少會有人選擇溫柔，幾乎都是同一個明確態度：「讓暴風雨來得更猛烈些吧。」大家害怕的從來都不是直接本身，而是在直接來臨的時候，自己毫無準備。就好像如果能夠提前接到風暴預警，大家可以做好待在家裡的準備，心態上就不會崩潰。試想一下，你正走在路上，突然在前面十公尺的地方颳起了一陣龍捲風，你會是什麼感覺？

04

我以為我說了，其實我沒有

很早之前，公司的一位藝人接到了一個級別很高的晚會邀請，但是由於檔期問題，我們只好選擇拒絕。團隊裡負責溝通的同事為了給對方留下一個好印象，用非常委婉的態度表達了我們的情況：「謝謝您的邀請，但目前看來，我們的時間可能不行。」對方負責人在接到我們的回覆之後，第一時間就把藝人的名字上報給了晚會組委會。差不多一週之後，我們突然接到了晚會的確認消息。由於晚會的級別很高，且各種因素導致無法推辭，我們只能花費更多的精力和時間去填「坑」。

這個故事的邏輯聽起來是不是很奇怪？明明我們已經拒絕了別人，但是對方仍理解成同意。明明我們沒有時間，對方卻認爲不方便只是暫時的，且他們正在努力協調。這就是一個非常典型的「我以爲我說了」的案例。

同樣的一句話，不同的人會從自己的角度出發衍生出各種意味完全相反的解讀，溝通中的誤解剛好就是在這個時候發生的。「目前來看，我們的時間可能不行」這句話，從我們團隊負責人的角度看，他要表達的是「時間不行」。但對方負責人看到的是「目前」和「可能」。我們認爲的拒絕在對方看來有著非常大的周旋和協商空間，所以對方就把我們的藝人名字報上去了。這個烏龍事件非常準確地說明了溝通中的一個原則：

態度可以委婉，但內容必須直接。

我們經常在工作中提到一個詞：婉拒。什麼是眞正的婉拒？你的口氣可以委婉，但是內容必須明確。

在溝通裡，我們常常會發現這樣一種狀態：我以爲我說了，信息傳遞出去卻變了樣，在對方看來，你根本就沒說。

女朋友對男朋友說：「今天你負責洗碗吧。」等男朋友洗完所有的碗走出廚房後，女朋友發現灶台沒有擦，於是責怪：「你爲什麼不擦灶台？洗碗這個概念就包含要把灶台也擦了呀。」對不起，洗碗這個概念就是洗碗，如果需要擦灶台，你就直接告訴對方：「今天你負責洗碗和擦灶台吧。」當然，男女朋友之間的撒嬌和考驗對方的情況另當別論，不包含在這次的討論範疇內。

顧客在照片上看見一件衣服的顏色很喜歡，她認爲是鐵鏽紅，就口頭跟商家說要一件鐵鏽紅的衣服，但是拿到衣服後責怪說：「這不是鐵鏽紅啊。」對不起，每個人看到的鐵鏽顏色都是不一樣的，你要是想買那個顏色的衣服，就應該直接把圖片傳給對方或者直接確認。

這樣的誤解是什麼原因造成的呢？說得廣一些，因爲人類是一個個獨立思考的個體。我們對不同的事物和概念的理解是不一樣的。所以，當你希望自己的資訊能夠準確無誤地傳遞到對方那裡時，你需要判斷溝通中的最小單位是什麼，並把自己的表達直接落實到最小單位的括號內。

回到最開始的那個故事，婉拒的正確開啓方式應該是：「非常抱歉，因爲檔期的問題，我們無法參加這次晚會的錄製。非常感謝您的邀請，期待未來會有更多合作機會。」

委婉的語氣可以表達以後合作的可能性和延展溝通的彈性，但是內容要堅決，不能給對方預留誤解的空間。

05

為什麼有時候我們要頂回去？

一個飯局上，一位中年大哥大聊特聊自己幸福的婚姻家庭生活，同桌的人也都很有涵養地耐心聽著，但很明顯，飯桌上的氣氛已經變得非常微妙，整個過程中我都沒有太說話。飯畢，大家到旁邊的沙發上休息，大哥過來開口便是一句：「你也到了該結婚的年紀，怎麼還單身，該結婚了。」我當時沒有什麼表情，只是簡單地回了他一句：

「關你什麼事！」

我們都知道，現在有非常多高情商的溝通術強調要淡化矛盾，大事要用溝通化小，小事要用溝通化解，核心就是避免對立。在我看來，這樣的思路要分場合，分情況，也分心情。就拿故事裡的大哥來說，我知道他家庭幸福、闔家美滿，在這一點上，我是祝福他的，但這不能成爲他站在一個高點上對我的生活橫加干涉的理由，我和他不熟。當然我並不是單純從他的一句話裡就得出這樣的判斷，而是他在飯桌上的揚揚自得已經讓很多單身人士感覺到了尷尬。眞正分享幸福的溝通是不會有如此強烈的自我炫耀感的。讓大家感受你的幸福，從來不需要踩在別人的肩膀上。

他跟我說的那句話可以說是激發我情緒的最後一根稻草，他應該沒有惡意，但是我也感覺不到他的善意，所以，我選擇頂回去。關於這樣沒有善意的溝通，幾乎每個人都曾遇到過，爲此，我想用幾個問題說明我的觀點。

一、你都已經明確讓我不舒服了，爲什麼我一定要讓你舒服？

如果對方沒有意識到他的溝通讓我們不舒服，且持續不斷地用這種方式進行溝通，很顯然對方並沒有把我們的情緒當回事。這時候我們需要提醒對方，溝通是平等的，我們有讓彼此舒服的責任和義務，如果有一方打破了這個平衡，對不起，作爲其中被攻擊、被調侃、被刺激的那一方，沒有義務保持禮貌。爲什麼我們要爲了滿足他人的虛榮心而委屈自己？我曾經收到這樣的一份表白：「你長得不漂亮，身材也不好，但我就是喜歡你。」這種話講出來，我想問哪位聽了會高興？你是在讚美人嗎？不，你是在讚美自己。你是想說自己能看到一個人身上的優點，而不是只看外表。這種貶低他人來吹捧自己的讚美，就算不是出於惡意，內心深處也還是把自己放在了一個更俯視的位置，這樣是達不到好的溝通效果的。我聽完這種話，只想跟對方說：「你滾蛋。」

面對沒有善意的人，我們爲什麼要花過多的時間和精力去爲和諧的結果負責？爲什麼爲了讓對方不受傷害，我們要消滅自己的情緒？這是沒有道理的。爲了沒有善意的人和沒有善意的言論，我們卻要不斷安撫自己，這個成本太高。

二、是什麼讓一些人肆無忌憚地干涉他人的生活，指責別人的人生？

眾所周知，生活中從不缺少這樣的人：他總是站在一個高點上，無論高點的名字是道德還是邏輯，毫無顧忌地指點別人的生活，而大多數人則會因爲這樣或那樣的原因順從、遷就和退讓。在我看來，此時我們最需要做的就是透過清晰的表達讓對方釐清每個人生活和隱私之間的界限。注意，這不是工作場合。如果應酬，或者商業談判，我們或許還會有其他的顧忌和考慮；如果這樣的對話發生在生活裡，我們就必須捍衛自己的邊界。

三、溝通的目的到底是什麼？到底是爲了場面好看，還是爲了達成共識？

別讓溝通尷尬，別讓溝通有火藥味，別讓溝通進行不下去，這是我們的思考慣性。我們是否仔細地想過，溝通的目標和核心究竟是什麼？如果爲了場面上的好看，我們丟失的是自我生活的界限，是對話中的平等，是保護一個群體的利益，我堅決反對。這不是危言聳聽，也不是得理不饒人，而是因爲我們的生活中從來都不缺少沉默的體面，也從來不缺少禮貌的退讓，我們缺少的是一份能夠讓自我得到確立的堅決，特別是我們的自我在遭遇羞辱和挑釁的時候。

我們需要在清晰的表達中完成一種共識，那就是每個人都有自己的生活，也擁有爲自己的生活做選擇的權利。或許會有人在這裡爭論：那你好好說就好了，不一定要劍拔弩張吧。回想我們類似的溝通場景，有哪一次你的禮貌回應得到了同樣禮貌的對待？很少。爲什麼？因爲會讓你有這樣情緒的人，自身對於禮貌和尊重的理解就需要打一個問號，至少在溝通上，他們是先有問題的那一方。

四、如何在不冒犯別人的前提下，表達善意？

聽到過一個很經典的脫口秀段子：如果一個人生病了，他打電話給你，除了想聽到你說一句「沒事」，其他的什麼話他都不想聽。這裡面恰恰說明了我們在溝通中應該注意的兩件事：距離和善意。

先說距離，好的溝通一定要保持一種距離感，無論是誰，我們都需要知道，那不是你，也不是你的生活。每當你想要從自我的角度來表述，甚至來教導對方的時候，請先問問自己：對方爲什麼要接受我居高臨下的建議？對方爲什麼要允許我的看法和建議侵入他的生活中？

再說善意。眞正有善意的溝通一定是一種幫助的給予。當對方表達出自身的問題或困難時，最好的回答是：「我能爲你做些什麼呢？」然後你要確保自己能夠眞心地聽取對方的需求，並切實地給予對方來自你的幫助。舉個例子，一個朋友身體不好，我要關懷，我一定會問一句：「有什麼是我可以幫忙的？」我會主動提供對方我能找到的醫療資源或者便利條件，這才是眞實的問候。但有的人只會責怪對方：「你爲什麼不珍惜自己的身體？」「上次就跟你說了要注意，你就是不聽。」我就想問了：請問您哪位？

請原諒在這個部分我的語氣會有些激烈，也請原諒我在這個問題上表現得有些極端，更請原諒我對一些人、一些行爲的零容忍。溝通，不總是溫柔如春風，滋潤如春雨，我們不能總是理想化地認爲所有的溝通都應該有一個好的場面。如果你受到冒犯，受到無端的責難，正煎熬於不平等的氣氛中，那麼，我希望你能有勇氣，打破場面美好的執念，頂回去。

因爲你要把自己當回事，溝通才能是一回事。也只有越來越多的人明白自己是回事，才能減少這個社會上太把自己當回事的那群人的數量。

小作業

你的室友總在你休息的時候大聲打遊戲，害得你連續幾天都睡不好。遇到這種情況，你會如何與他溝通？

3

「解決問題」不是結果，是前提

01

解決問題要比問題早

可以說，所有的溝通都是爲了解決問題，大多數人會在溝通前的準備階段中把問題分析得很透徹，卻很少有人能在準備階段就帶著「解決問題」的思路去預設方案。這種差別，就是優秀的溝通者和平庸的溝通者之間的差別。

舉個例子，做經紀人面試，每次我都一定會問對方這個問題：「你現在帶著藝人出現在機場，突然有粉絲跑過來要求合照，拍不拍？」

回到剛開始我們提到的「解決問題是前提」的思路。如果你僅僅把「拍不拍」當成一個遇到的麻煩，或者一個簡單的問題，那我想你的答案應該是簡單的「拍」或者「不拍」。這是一般溝通者的慣性思路，卻不是我的意圖。我考查的是面試者解決問題的能力，而且這裡的解決問題是要把方案放在問題發生之前，將簡單場景中的複雜性和未知性提取出來，並對應著找到解決的辦法。

比如，要考慮藝人今天有沒有化妝，狀態好不好。如果藝人處在沒有化妝且休息不夠充足的狀況，則需要工作人員出面，以禮貌的方式回絕。再來，接下來的行程是否有時間限制和要求，是否可以有拍照的預留？此外，前來要求合照的粉絲是幾個人還是一群人？是否會有更多的人看到合照而蜂擁上來造成圍堵，甚至引起機場的騷亂，對其他人造成困擾？如果有引起騷動的可能，現場有沒有保全可以維持秩序？

當面試者可以將方案放在問題發生之前的時候，我和他才會有「解決問題」的共識。如果是在工作中，我就會告訴對方我的經驗判斷，當然，所有的行動還是要以現場的具體情況爲準。但也絕不能只是把問題放在這，否則到時候眞的去了現場，各種問題蜂擁而來，每一種突發情況都會讓人措手不及。

用這樣的思路來理解溝通，可以很清晰地分解爲四步：第一步，做溝通的準備，鎖定問題，並想好解決方案；第二步，進行溝通，根據溝通中的細節，調整並提出解決方案；第三步，完成溝通，與對方協商並確定解決辦法；第四步，執行溝通，將溝通中的解決辦法運用到實際作用的地方。

我們需要知道，方案要在溝通前準備，解決問題要比問題早。如此一來，這樣順序上的改變，才能眞正地改變溝通的實質。即：溝通是爲了解決問題，如果在溝通前，我們就按照解決問題的方法去思考，那麼溝通就能達到最佳效果，以此確保溝通後的決策和行動達到最佳。

而超前的思維預判，是讓解決問題成爲溝通前提的重要元素。這種思路的形成需要進行強化的刻意練習。

回到上面那個機場的例子，藝人和粉絲合照完畢，我們的車接到了藝人，準備前往酒店。假設我們有五個工作人員，整個過程中，需要注意什麼？

如果在我的團隊待過，每個人都一定做過這樣的訓練。第一，誰坐前座、誰坐後座需要提前想好，需要和藝人溝通的負責人要挨著藝人坐。第二，下車後，誰負責拿行李、誰負責拿證件辦理入住，誰就需要先行下車。以此倒推，這些負責人需要坐在離車門更近的位置。第三，在辦理入住的過程中，藝人是在車裡等，還是帶到酒店大廳，會不會在大廳被人認出來？再倒推一個場景，可能你快下車的時候，就得有一個同事負責收集所有人的證件，讓他可以第一時間去辦理手續。這樣的細節還有很多，我就不一一列舉了。只有在演練的時候將問題以最詳盡的方式列舉出來，我們才能在真正溝通和處理問題時用最高的效率完成。

大多數情況下，溝通會對我們預設的解決方案做出修正，但我反對溝通者腦袋放空進入溝通。**每一次溝通之前，不僅需要知道問題是什麼，更需要知道我們的解決方法是什麼**。

所以，帶著這樣的思路，在每次溝通前，都不要停止對於問題的發現，而是要問問自己：我該怎麼辦？方案是什麼？這是最佳的方案嗎？解決問題不是從溝通之後開始的，相反，在準備溝通的時候，問題就應該已經被「解決」了。雖然實際情況中可能會出現更多的問題，但如果我們總是把解決問題的壓力推到最後的環節，那問題只會更多。

一個好的溝通者，會把「問題意識」自主性地轉化成「方案意識」。記住，方案比問題有價值，所以，有方案的人比只有問題的人更有價值。

02

解決問題，讓你更有底氣

在工作中，你犯了一個錯誤，現在正走在去老闆辦公室的路上，接下來，你要怎麼和老闆溝通？

我遇到過很多類似的情況，以前是作爲員工，要跟老闆談，而現在是作爲老闆和員工談。角色的變化讓我對這個場景下的溝通有了一些不同的想法。無論此時的你處在哪一端，最糟糕、最不可取，通常也是最經常被選擇的方式就是：找藉口。

明明是自己忘記，卻說是因爲上一個工作遇到了意外；明明是自己粗心大意，卻把鍋甩到對方頭上；明明是沒有嚴格執行團隊預先的安排，卻把矛頭指向現場的變故。要知道，老闆也是從員工一路走來的，哪些是藉口，哪些是眞實情況，一目了然。犯錯原本不是什麼大事，因爲在溝通上的誤區搞得自己在犯錯後誠惶誠恐、坐立不安，實在是划不來的事情。

我的建議很簡單：遇到問題，別找藉口，找解決方案。

彙報的方式分三步驟。第一步，造成這個錯誤的原因是什麼？第二步，我的解決方案是什麼？第三步，我用什麼方法讓這個錯誤以後不再發生？很多人往往只走了第一步，就拐了個彎，去找藉口了。

如果確實是忘了，誠實地告知老闆，認知到自己容易遺漏的問題，並找出一個具體方法，備忘錄也好，筆記也好，確保在之後的工作中不會再因爲遺漏而疏忽；如果是因爲粗心，誠實地說出問題，尋找一個具體方式，比如在今後的工作中，重要的事物一定會進行二次核查等，實在改不掉粗心的毛病，就請求團隊的幫助；如果確實是沒有按照計畫執行，眞誠地說出來，尋找問題的解決方案，並且強調下次如果再發生變動會即時通知老闆和團隊。

或許以上三個例子並不夠詳細，因爲每一個具體的問題都有具體的原因，但方法和思路是一樣的，那就是你需要趕緊找方法彌補錯誤，而且需要找到一個預防的方法，爲未來做好準備。

誠然，犯錯以後，我們會面對來自老闆的壓力，甚至是雷霆大怒。但大家都明白，溝通不是爲了洩憤，也不是單純爲了批評或者打擊。溝通的目的是讓大家共同認識這個問題，以便在未來的工作中，一起避免問題再次發生。提前找好解決方案，既是節省對方的時間，也是節省自己的時間。

主動尋找解決方案的溝通方式，既利己，又利他，溝通者也會因此獲得更足的底氣。

對我而言，如果一個任務沒有完成，或者做錯了，我就不會再糾結於那個錯誤本身。我要問的是：爲什麼沒做到？是不夠重視，還是能力不足？是時間安排不過來，還是純屬偷了個懶？是這件事情的難度太高，還是在溝通中發生了問題？

站在老闆的角度，則需要主動引導員工反思，特別是對解決方案的反思，而不是營造恐怖氣氛，讓對方壓力大到不知所措。我是一個比較講究工作流程和工作機制的人，如果有人犯錯，過度責怪是沒有意義的。二〇二〇年，我決定不做經紀人之後，感覺自己的人生枷鎖被打開了，少了很多顧慮，可以更勇敢地嘗試。我開始學習短影片製作，學習直播帶貨，甚至開始自己做貨，研究大尺碼女裝。每一件從未嘗試過的事情都經歷了從全新的接觸、學習到掌握其中的邏輯和方法的完整過程。而學習能力的底層正是對自己的認知和對世界的理解。犯錯很正常，但我們需要建立一個機制來防止同樣的錯誤發生。我的團隊一直在執行一項名為「白皮書」的工作機制，把之前犯過的錯、踩過的雷都整理到白皮書裡，內容越詳細越好，而且有三點不能忽略：錯誤的原因、解決的方法和防範的策略。

白皮書的做法是把「解決問題」的溝通思路從個人層面提升到團隊層面，比起個人的反省和反思而言，一個團隊也應該具有以解決問題為前提的溝通模式，很多問題是可以在發生前就攔截下來的，不一定要等到發生了再去彌補。另外，如果你初入職場，我建議你也準備一本屬於自己的白皮書，把自己在工作和生活中犯下的錯誤都記錄下來，時常翻看，這樣不僅能夠加快自身的進步速度，也會在溝通中變得更有底氣。

我們之前說過：解決問題這個思路，應該是溝通的前提，而不是結果。要知道，老闆最喜歡的是結果，而不是前提。

重要的事情說三遍，下次再去老闆辦公室認錯之前，先自己梳理一下：問題的原因是什麼？解決方案是什麼？防範措施是什麼？

03

一定要想在別人前面

某天我開車去見一個當老闆的朋友，不料半路上車子響起了警報，輪胎出了問題，只能緩速行駛。此時，我與對方的公司之間尚有一段距離，原本約定好的時間也迫在眉睫，更不巧的是我一直聯繫不上要見的這位朋友。如果是你，會怎麼做？把車留在高速公路上，不僅會接到罰單、面臨危險，同時也叫不到車；繼續緩速行駛，至少會遲到半個小時……

我的處理方式是聯繫這位朋友的秘書，先確認他的老闆是不是已經到公司，對方說是。我又確認老闆的司機是否已經不需要接人，對方說是。緊接著，我詢問司機能否開車過來，我開他的車去公司，司機開我的車去修理。秘書聽後立即幫我做了安排。最終的結果是，我沒有遲到，我的車也在會面結束後修好了。

這件事情看上去好像是麻煩了別人，實際上是節省了別人的時間。首先，我和朋友的關係很親密，我知道我直接調度她的司機，她不會介意。其次，秘書和我的立場是一致的，她也希望確保會議準時，所以不會覺得我不禮貌。最後，司機是可調度的「閒置資源」，並沒有因為要幫助我而耽誤其他事情。掌握分寸感，找目標一致的人協助你，有效地調配資源，就可以提高效率。我準時趕上了會面，朋友讚美我說，都沒有麻煩她就解決了所有問題，懂得調度資源。

這個故事反映出的是溝通中的一種預判。倘若我在預判的過程中受困於小的格局，既害怕調度對方資源，又害怕傷害對方面子，結局看似是我在維護，實際上雙方都遭受了損失。我是一個非常愛自己開車的女司機，我有些很愛開車的男性朋友坐我的車，會誇我「敢踩油門」。敢踩不是亂踩，是你知道該加速的時候就加速，看到前路無障礙，相信自己的加速能力時敢大膽地一腳踩上去。

換個角度來想，預判的前提是雙方的時間和效率。當我們預判的時候，視角應該放在雙贏上，最好是兩方都得到方便，利人利己。對每個人來說，時間都是最寶貴的資源和財富。站在節省時間的角度上去思考每一次的溝通，在最大限度上提高效率，就能在溝通中推測雙方的感受，進而達到眞正有效且體貼的溝通。

舉個生活中特別微小細節的例子，我和任何朋友吃飯，假如我先到達餐廳，一定會確認自己的桌號，並傳訊息給對方，明確地爲對方指出從進門到餐桌的最短路徑。如果這個餐廳不好找，我還會錄一段影片，告知對方怎麼找入口，電梯在哪裡。這個動作看起來微不足道，卻省掉了對方到達餐廳之後浪費在尋找動線的時間，是很貼心的表達。就是這樣一個微乎其微的細節，就可以在溝通中讓對方感受到你對於時間的珍惜，同時也傳達出一種誠意。一旦能夠習慣性地爲別人考慮，節省別人的時間，生活中無數的溝通就會在一個又一個的細節堆積之後，變得順暢又充滿人情味。

再舉一個小例子。比如我跟別人約了十二點吃飯，但我發現自己可能需要十二點十分才能到達，我一定會在知道自己要遲到的時候就告知對方會晚十分鐘。這個細節能夠讓對方充分掌握時間的主動權。很可能他原本手上正好有事情要處理，但因為要準時而不得不暫停，如果知道我會遲到，便不用著急趕來。或者，在等待我時，他恰好可以在餐廳完成一件十分鐘內搞定的事情。再或者，如果是我先到達餐廳，我會先問對方餓不餓，要不要先點菜，並把菜單傳給他，問問有沒有今天特別想吃的東西……

在一段溝通中，我們總需要有一個人比較主動地去照顧另一方的感受，並且隨之做出一些積極的安排。想在別人前面，把整個節奏安排好，大家自然就會比較舒服，而「找到一種大家都舒服的方式」在溝通中又是無比重要的。

我們需要明白，這樣的習慣不是為了取悅別人，也不是什麼心機謀略，而是切切實實地在乎和為別人著想，讓對方能夠更精準和自由地掌握時間。同時，這樣的舉動也在傳遞一個重要的資訊：我們的時間都非常重要。

我在乎你的時間，因為我也同樣在乎自己的時間。這種共通的價值觀，可以貫穿整個溝通過程，讓雙方都能贏得彼此的尊重。

04

誰為結果負責？

投訴時，每當和對方的客服人員爭得面紅耳赤，我們是不是都曾說過這樣的話：「把你們負責人的聯繫方式給我，我直接和他說。」

情侶之間吵架，特別是假如男生做了一些不該做的事情，兩人劍拔弩張到一定程度，很多女生會說：「×××，你要對我負責！」

街頭發生矛盾，兩個路人互相放狠話，生怕自己的話語不夠鋒利，屈居下風，其中有一種說法很有威懾力：「請你爲自己剛剛的行爲負責！」

爲什麼「負責」這件事經常被提起，卻沒有進入我們的主動意識裡？這是一個客觀存在，卻常常被大家主觀忽略的概念。因爲只有在我們不想負責任的時候，才會想起來，這事該有人爲它負責。誰在爲溝通負責？溝通中一定會有人爲結果負責，這才讓溝通變得有效。如果沒有人爲這次溝通負責，那麼這段溝通就一定沒有效率，沒有進度，甚至沒有意義。那只是互相說話，不叫溝通。

主觀地意識到「誰爲溝通負責」這件事，就是主動爲溝通找到一個支點。

投訴中，「負責人」成爲支點，眞正找到那個能做決定的人，我們才擁有讓投訴得到解決的可能性。戀人吵架時，「你要對我負責」成爲支點，要負責的那一方就要爲承擔結果而做出妥協和改變。矛盾要爆發時，「爲自己的行爲負責」成爲支點，就是說，如果我要把你打進醫院，你別怪我，都是你自找的。

爲什麼「我爲溝通負責」這個概念應該成爲溝通時的基本狀態呢？因爲這樣的意識會徹底改變溝通狀態。當一個人決定爲溝通負責的時候，很多事情就會變得不一樣。

而我強調的正是從「誰負責」到「我負責」的轉變，這是一次關鍵成長，這個邏輯改變的不僅是溝通中的狀態，更是一個人的行爲狀態。

我二十二歲剛開始工作的時候，負責四個藝人，任務龐雜，節奏飛快，但我仍然會在工作全部結束之後，主動去問其他同事是否有什麼是我可以幫忙的。幫忙寫稿，幫忙處理通告，幫忙解決合約……這些行爲都是不圖實際回報的，但也並不是「無私」的，因爲我在這其中收穫的是一個職場菜鳥的飛速成長。

很多人會覺得：我拿多少錢，我就要做多少事，拿得少，我就做得少。在我看來恰恰相反，那個時候我已經拿這麼點薪資了，如果不多學習，不多做點事，我就是對自己的時間不負責。想清楚這一點之後，我願意去做所有力所能及的事，並且毫無怨言，同事們也非常喜歡我。我的成長速度確實是最快的，未來的空間和發展自然也在同倍速成長。

以前你會說「這個是你的責任」，當意識到「我爲溝通負責」後，你就不會再把責任推卸給別人。以前你會說「這個是你的工作」，當意識到「我爲溝通負責」後，你就不會再去計較工作中的分工和細節。以前你會說「績效又不是我的」，當意識到「我爲溝通負責」後，你就不會再功利地將自己從工作中抽離出來。要知道，無論怎麼分配，最後的成敗其實都是參與的各方一起承擔的。

從「我要負責」到「我得負責」的轉變，就是一次實質性的身分轉變。能促成這種提升的關鍵在於每一次「我負責」之後的累積。

史蒂芬．柯維在他那本暢銷全球的《與成功有約：高效能人士的七個習慣》中列舉了七個能夠使人具備高效能的習慣，其中，排在第一位的習慣就是積極主動。能眞正做到主動負責，並且把負責的事宜不斷趨近完善並不是一件容易的事，在此過程中，我們常常會遭遇未知的阻力和強烈的挑戰。這時候，只要我們能始終不忘當初挑起擔子的初心，不退縮，就能把「我願意負責」變成「必須由我負責」。

有一個問題是這樣的：年少時學習的苦，和成年後生活的苦比起來根本不算什麼，但是爲什麼人們情願承受後來生活的苦，卻不願意承擔年少時學習的苦呢？答案很簡單，因爲學習的苦，要主動迎上去嘗，但是後來生活的苦，就算你躺著，它自己也會來。

本章最後，我想以同樣的道理在溝通的討論中做一個變形：溝通中的責任是溝通者需要承擔的，什麼樣的溝通者會成長得最快呢？答：願意主動爲自己的每一次溝通承擔責任的人。你主動迎上去承擔的責任越多，漸漸地，你得到的回報也會越多。

05

時刻準備著

我很小的時候看中央電視台直播的國際大專辯論賽就非常入迷，我也超級喜歡TVB電視劇裡法庭辯論的戲份。我一直覺得長大以後會學法律當律師，在唇槍舌劍中維護正義。同時，我也喜歡透過思辨獲得碾壓式的快感。從小到大，我都是辯論隊成員，通常擔任四辯的角色。四辯的任務和其他隊員不同，要負責總結陳詞，關鍵是要從對方全場的發言裡找出漏洞，狠狠抓住，再一一反駁。而我的準備工作通常是在辯論賽還沒有開場前就已經開始了。

我會根據辯題預設對方的觀點，然後把對方可能會有的漏洞都想一遍。我一定會站在正方跟反方的立場，反反覆覆地推演：如果我是對方，我會怎麼拆解這個辯題，我有哪幾個攻擊點，而且這個攻擊點會遭遇什麼樣的反駁……**這個世界上根本就不存在從天而降的臨場發揮，一切皆源於準備**。

如此操作得多了，便找到了其中的要領。很多時候，我發現在眞實的辯論賽中，對方呈現的漏洞還沒有我自己預設的多。所以，在總結陳詞的時候，我可以沉著應對，除了回應對方的漏洞，還有餘力製造一些笑料，讓評委和觀眾開心，賺取額外的感情分數。

說到溝通也是同樣的道理，所有的溝通都要求溝通者做好準備。在溝通之前問自己：我的觀點是不是有明確的數據和理論支持？我想說的這件事有沒有強有力的旣有背書？針對這件事情，我預設的溝通困難點是什麼？我是怎麼拆解它的？因爲沒有準備好或者沒有預設好而犯的錯誤還存在嗎？對方可能會有的失誤是什麼？我應該如何應對？

二〇二〇年我錄了《脫口秀大會》第三季節目，坐在我旁邊的大老師（大張偉）簡直就是一個移動的接哏王和造哏王，大家經常被他的話逗得人仰馬翻。我們看到的往往是台上那一次次讓人忍不住拍別人和自己大腿的精采瞬間，看不到的是他曾經在相當長一段時間內透過刻意練習的方式做了非常充分的準備，不僅看了很多故事、橋段，還研究幽默的人是如何調節現場氣氛的。台前幕後，看得到和看不到最終會合在一起。

沒有人可以輕易做到臨場發揮，所有的臨場發揮都是厚積薄發。有的人是靠幾十年如一日的閱讀，有的人是靠生活中時時刻刻的觀察與思考。不管用什麼方式，如果想要成爲好的溝通者，你就一定要在生活中時時刻刻爲溝通做好準備！

一個人是否處在「時刻準備著」的狀態中，是我非常看重的素質，甚至可以說是我在面試應聘者的過程中一個決定性的因素。在求職面試中，我有一個非常經典的最後一問：「你有什麼問題要問我嗎？」如果對方說沒有，基本上在我這裡就會大減分。

原因很簡單，如果對方沒有在整個面試過程中產生興趣點和疑問點，就說明他不是一個時刻準備、時刻思考的人，因此缺乏足夠的思考力。試想一下，在面試中有那麼多細節可以供他來反向判斷這份工作和這個團隊，無論是抓住其中的哪一環，他都能透過自己的反問來更加精準地定位，定位自己的崗位和這個團隊的工作方式，定位自己與對方需求之間的契合，定位自己和這家公司甚至整個行業未來的同頻。

如果連這樣發問的勇氣和能力都沒有，我又該對他接下來所有的溝通和工作抱有什麼樣的期待呢？

「時刻準備著」還有一個更極致的層次，那就是危機意識。我總是要求團隊定期思考這個問題：假設有一天我們的公司倒閉了，原因會是什麼？比如說有人貪汙違法，破壞了企業的秩序；比如預判失誤，連續簽了沒有發展潛力的新人；甚至比如虛擬偶像發展起來，人類不再需要眞實偶像了……我們管理團隊都要去做這樣的「假想」，正因爲有了這些假設和預設，公司才會堅決做到依法依章辦事，才會堅持嚴謹的評選制度，才會關注最新的科技發展。這個問題不是日常問題，但偶爾提出來，想一想，對於每個人都會有啓發，並且因爲這些「倒閉原因」存在的可能性，我們也會有一些未雨綢繆的意識。

機會總是給有準備的人，這句話已經是老生常談了。同樣的思路，高效、高品質的溝通也是給有準備的人的。「時刻準備著」，我們要讓自己的思維隨時處在活躍的狀態。就像一個獵人，他的準備並不是從開槍那一刻才開始的，而是在進入森林之前就已經開始了，並且沒有任何一個時刻可以放鬆。是的，溝通的氛圍應該是輕鬆的，但溝通者的思考狀態不能鬆弛。只有在溝通前和溝通中時刻聚焦最核心的目標，時刻尋找共識的基礎，時刻切入同理心的場景，我們才能讓溝通真正地有效。

06

屁股決定腦袋，所以先看屁股

做經紀人的時候，經常會聽到藝人抱怨前來採訪的記者，覺得對方的提問總是在窺探隱私，或者看起來是在「搞事情」。這時候，我一般會反問：「如果你是記者，你要採訪一個藝人，你會不會問同樣的問題？」

其實，有時候這個世界上的道理往往非常樸素。如果我們只從自己的角度出發，很多事情都是不可理喻的；如果試著去瞭解溝通的對象，站在他的位置看他眼前的風景，就會發現同一件事情可以有完全不同的解讀。假如對方是一位娛樂記者，那麼提出能夠引發關注和熱點的問題並得到回答就是他工作中的KPI。所以，我通常會建議我的藝人主動提出自己的解決方案：「您剛剛問的那個問題，我不好回答。但我這裡有一個挺有趣的事情，您看看能不能用？」能夠成爲娛樂新聞的內容有很多，其中總會有一條是藝人願意聊的。如果我們沒有注意到對方的崗位和工作需求，而是直接把對方當作假想敵，自然是一肚子悶氣。只要我們瞭解到對方的「屁股坐在哪兒」，就會懂得對方採取這種思考方式和行動邏輯的緣由，也就一定可以找到達成溝通的方法和內容。

因爲雙方的利益訴求和能力範圍終有不同，所以溝通時的你來我往，也就導致了在溝通的路上總會有一條裂縫。如果只盯著自己的利益得失，自然無法從達成共識的角度眞正地去促進溝通，這是溝通中很多問題的來源。瞭解對方的訴求，體會對方的難處，是一個優秀的溝通者應該具備的素質。要做到這一點，不妨先從對方的工作內容和工作訴求著手。

所謂：**屁股決定腦袋。溝通時，先看看對方的屁股坐在哪兒**。

這也就決定了溝通之前需要把一些核心問題想明白：對方的工作訴求是什麼？我能爲這樣的訴求提供什麼樣的幫助？對方的工作崗位是什麼？他的權利範圍和邊界在哪裡？他是否有決策權？他所提出的要求是在他的工作範圍之內還是之外？如

果我不能滿足他目前的要求，我有什麼備選方案可以提供？如果這次的溝通不成功，會給他的工作帶來什麼影響？如果我們能夠一一回答這些問題，自然就會在其中發現突破口，也會更清楚當溝通不暢的時候，問題到底出在哪裡，且我們應該以什麼樣的方式解決。

還是拿我做經紀人時的工作經歷舉例。一般來說，我們的很多工作都需要和藝術統籌對接。這時候，我們不僅需要從自身出發，也要從對方的工作性質和需求出發，把溝通的成本降到最低，也給對方提供最大便利，一次就保證溝通的結果。

首先，藝統的工作內容是協調平衡各方的需求，做出讓所有人都接受的安排。這份工作有非常多的細節點需要照顧，也有很多出其不意的難題需要處理，非常辛苦。所以，藝統的第一個出發點就是希望工作量越少越好，突發的意外情況越少越好。然而站在自身角度以及根據過往的經驗總結，很多雜事和細節必不可免，至少我們可以在時間上給足對方，讓他有充分的準備去協調、平衡和處理。所以，我會要求團隊一定要把事情想在前面，能夠早告知的一定不要拖到最後一秒。

其次，涉及預算的協商同樣常常會讓藝統爲難，所以如果我們要提出一個不同的需求，我一定會讓團隊提前把帳算好。如果一項節目錄製原本只需要解決三天的住宿，但因爲突發情況，需要延長到五天，這時我就會主動挑選一家價位更低的酒店，或者提供其他可置換資源，讓對方很清晰地知道我們的決定和價值不會超過原有的預算。這樣一來，對方在內部協調的同時也會相應減少很多溝通中的成本核算與反復對接。

再其次，拍攝的流程和方案是需要反復確認、溝通和修改的。如果我們對節目的錄製有其他想法，我一般會讓團隊提前做好幾版不同的方案，並且把每個方案的重點和問題都標注出來，讓對方清晰地瞭解到我們更改的緣由。如此一來，讓對方與我們的困難、想法以及解決方案直接觸達，也就避免了雙方在溝通中本能地帶入對方在無理取鬧的抵觸情緒。

最後，我一直要求團隊和對方時刻保持不驕不躁、不卑不亢的溝通語氣，給予對方充分的尊重和理解。有些時候我們確實給對方添麻煩，所以要把「抱歉」和「對不起」多掛在嘴邊。每一份工作、每一個崗位都應該且必須得到相應的理解和尊重。大家每天要面臨的事物都很多，壓力也很大，讓對方感覺到我們的體貼也是保證順暢溝通的一個重要前提。硬幣總有兩面，沒有高下更沒有對錯，思考問題的方式和角度同樣如此。因爲工作性質不同，你在自己的工作過程中會遇到不同的溝通者，他們也都在不同的工作崗位上擁有不同的判斷標準、取捨原則和決定權。反過來想想，如果一個溝通者能夠在你屁股所坐的位置上提供有利於你工作發展的建議，你的腦袋會拒絕嗎？

07

先確定對方是不是「笨蛋」

巴菲特說：「如果你打了半小時牌，仍然不知道誰是菜鳥，那麼你就是。」我想借用一下這句話，在溝通的話題裡換一個說法：如果你已經知道對方是一個笨蛋，卻仍然不知道改變和他溝通的方式，那麼你也是。

總會聽到身邊有這樣的抱怨：「上次就和他說過這件事情不能這麼做，你看看同樣的事情交給他，又犯了一模一樣的錯誤。」「上次一共說了三件事，他就只辦了兩件。不用想，這次的結果還是只辦了兩件！」「早就說過了這樣做會惹客戶生氣，同樣的情況，他又重複了一遍。」

面對這樣的場景，你怎麼想？談話中犯錯的那個人是不是一個十足的笨蛋？同樣的錯誤總是犯兩遍，同一個坑總是摔兩次。但你有沒有想過，抱怨的這個人同樣也是一個笨蛋，既然已經證明了這樣的溝通無效，爲什麼這一次，他也沒有做出改變？

不是我吹毛求疵或欲加之罪，而是在溝通中有一個雷區我們總會踩：**是我們不變的溝通方式，一直在給「笨蛋」機會，讓他們犯同樣的錯誤**。注意，「笨蛋」不是一種定位，而是一種狀態，有可能是因爲經驗不夠，有可能是因爲客觀條件不允許，有可能是因爲情緒上的不成熟。

我以前經常聽到團隊抱怨不專業的合作方，說他們很難溝通，又容易犯很多瑣碎的低級錯誤。我通常會拋出一個反問：如果所有人都非常專業和靠譜，那爲什麼還需要我們的工作？那藝人們爲什麼還需要找經紀人，找個助理不就對接完所有工作了嗎？我們工作的一部分內容不正是處理這些笨蛋的行爲嗎？

我也經常聽到身邊有身爲管理者的朋友抱怨：某某下屬溝通能力非常差，每次溝通都有問題；某某下屬眞不會辦事，每次犯的錯誤都一樣。我就會想，如果你已經知道對方的溝通能力差，在不開除對方仍需共事的前提下，你爲什麼要把和溝通能力強者的那一套原封不動地搬到他這裡來？你有沒有反思過自己的管理方法、傳遞知識和資訊的能力是不是也不到位？

一旦確定了對方是「笨蛋」，就要用適合與「笨蛋」溝通的方法。因爲每個人的理解力、執行力、抗壓力等方面都存在明顯差異，優秀的溝通者需要根據不同的溝通對象，制定不同的溝通策略。

如果對方的反應能力或者時間、精力有限，我們在交代事情的時候，一定要盡量一個一個來。如果實在需要交代多個任務，一定要讓對方對已經布置的工作重複確認，確保沒有遺漏。舉個例子，去餐廳吃飯，我們常常會因爲服務生的疏漏而生氣，明明請他催促上菜，再多拿一副餐具和吸管，結果對方只拿了吸管，忽略了另外的需求。從溝通的角度看這個問題，首先，服務生的時間和精力有限，短時間內無法完成高效溝通很正常。其次，你可以禮貌地讓對方重複一下你的需求，讓對方用自己的語言輔助強化記憶，完成多項任務的難度就會降低。

如果你已經感受到對方的接受能力和分析能力還有待提高，那你就必須將整個事情的來龍去脈，以及需要對方完成的各項細節，甚至包括解決各類已知問題的方法統統告訴他。比如，一個寫策畫的任務交到了一個不善於溝通的人手中，你就需要把之前類似的策畫傳給他，以提供有效的借鑒，而不是讓對方平地起高樓，一抓一手黑。

如果對方在同類事件中已經重複犯過同一個錯誤，那麼在這一次交代任務的時候，你就需要明確地提醒他上次犯錯的細節，並提醒他這個錯誤別再犯了。如果實在沒法改變這個事實，你就不要再把類似的工作派給他，不然悲劇就會不斷地上演。

如果你感受到對方思緒比較雜亂，理不清重點，你就需要主動幫他理清思路，比如這些話要掛在嘴邊：「咱們現在『聚焦』一下。」「我們要解決的第一個任務是什麼？」「這件事情的重點是這個。」「解決方案的關鍵是什麼？」特別是當派出去的工作是一個相對比較複雜的任務時，你更需要幫忙理清時間的脈絡和重點，不然對方連從哪兒上手都搞不清楚。最後耽誤的還是整個團隊的時間。

聰明人之所以能夠存在於這個世界，就是因爲這個世界上永遠都會有笨蛋。時間流逝，有的笨蛋會脫胎換骨，變成聰明人，有的笨蛋會堅持自我，一直做笨蛋。我們永遠不能對所有人都用一套溝通方法，那樣不僅你會很辛苦，溝通結果也很難保證。如果不能想清楚這個道理，那就說明，你才是笨蛋。

08

為什麼不可以因為工作而犧牲健康？

碎片化的時代就會有碎片化的表達，我們的溝通中到處都是支離破碎的片段。對於這個現實，我們不僅需要習慣，更要明白如何運用，如何抵抗。前不久，很多朋友留意到了我在一個節目裡說的這樣一句話：「我們為什麼不可以因為工作而犧牲健康？」大家紛紛做出回應，分歧很大。有工作狂表示我說出了他們的心聲，有親近的朋友關心我的健康近況，也有人覺得我這是站在老闆的角度給員工洗腦。

大體上，無論大家的意見多麼天差地別，最終都會有一個共同的落腳點：這句話所代表的觀點太過絕對，不像是一個應該全盤接納的想法。到這裡，我就已經達到了目的。節目組把這句話專門剪出來就是因爲它足夠醒目，可以引起輿論的關注。而我之所以會說這句話，其實是想用這句絕對的話，去抵抗另一句絕對的話，讓大家反思究竟什麼是絕對。

這要從我和媽媽的一段對話說起。

我工作特別忙也非常拚，常常顧不了吃飯和睡覺，媽媽很是擔心，所以每次通電話或是回家，媽媽總會在我的耳邊嘮叨一句話：「健康永遠是第一位的，工作再重要，也不能犧牲健康。」我自然瞭解媽媽的用心良苦，也明白到了他們的歲數，健康問題會一一出現，她是以過來人的經驗幫我提前預防。

但是，這句話在我看來有一個很大的問題，它是靜止的，它沒有具體地去討論這個人當下的人生階段和排序情況。**我反對的從來不是健康和工作的對立，而是那些根本不經思考的固有觀點和約定俗成**。

無論你是否承認，在溝通的過程中，我們總是會堅定地相信著一些信條，而眞正的信條會帶給我們力量和勇氣，但一些沒有經過任何思考的無腦觀點，恰如某些太過絕對的、約定俗成的問題，沒有給人留下思考的空間，好像只要按照這樣的說法過人生，就永遠都不會錯。我想要抵抗和讓自己警醒的，正是這種全盤接受的態度。

二〇二〇年國慶期間，電影《奪冠》的熱映讓大家再次被中國女排的選手們深深打動，她們是爲國爭光的奧運冠軍，爲祖國帶來了榮譽和驕傲。但很少有人知道，她們每個人身上都有不同部位、不同程度的傷，惠若琪甚至在奧運會之前做了多次心臟繞道手術。如果健康永遠都是第一位的，那我們是不是應該告訴她們：「你現在的健康出問題了，這項運動會影響你的健康，你不可以上場。」這聽起來就很荒謬，對嗎？因爲在女排選手們的人生目標排序中，這個階段有更爲重要的事，即使遍體鱗傷，她們也會背水一戰，在所不惜。沒有任何東西能夠阻擋她們，這樣的堅毅和勇敢讓我們欣賞、敬佩，也嚮往。

幾年前，我生過一場大病，健康的重要性立刻上升，成了最重要的選項。但我依舊無法完全拋開工作，這是我的性格決定的，我做不到。這時候就有聲音跑出來：你是個經紀人，是娛樂圈的人，你憑什麼有這樣的想法？你的工作算個屁！爲什麼你要爲你的工作去犧牲你的健康？但在我看來，每個人的人生燃點是不一樣的，可能在別人看來是個屁的事情，在我心裡就是非常重要的。我們都是在維護自己在意的事情，維護自己的信仰。

工作和健康誰更重要？這可以寫一篇論文。在我看來，在不同的時間節點，每個人的人生排序都不同。我的身體非常健康，當然就可以全力以赴去工作；如果我的身體出了問題，當然要第一時間解決問題。而這個比較，不可能在一個靜態的句子裡就做出絕對的判斷。

在自我溝通的過程中，獨立思考的能力是非常重要且必須具備的，我們必須知道自己在坐標中的位置，進而判斷什麼結論對自己有用，對現在有用。也正因爲有了坐標和自己的對照，我們才會知道有些結論聽起來很有道理，但它對自己不適用，或者與現在的自己不匹配。**我們的觀點應該保留被影響的空間，接受不同角度的聲音，但絕不應該被統治、被支配。因爲一旦失去改變的彈性，我們就失去了自我溝通的前提。**

單個的價值判斷可以透過日常的自我溝通來與自己達成和解。可怕的是由一個又一個約定俗成和固定認知所形成的社會共識，這樣的社會共識會對個體形成巨大且無形的壓力。因爲「好女不過百」，我們遭遇美學的困境，彷彿瘦就是美的唯一標準，體重成爲一種刻度。因爲「男大當婚，女大當嫁」，我們遭遇逼婚的窘境，彷彿選擇單身、選擇獨居就是一種對幸福的背叛。因爲「三十而立，四十而不惑，五十而知天命」，我們遭遇年齡的困境，自己的年齡彷彿是一格一格的尺度，必須不斷奔跑，疲於奔命。

在與自我的溝通中，我們要警惕這些數字，因爲數字是冰冷的、不動的，但自我和人生應該是溫暖的、變化的。**我們需要的不是一套絕對的標準，而是要去建立一個坐標，然後把自己放進去，變成那個頻頻閃動的點。**

再回到那個問題：我們爲什麼不可以因爲工作而犧牲健康呢？我希望得到的不是一個個的答案，而是越來越多的問題。**只有當我們用問題回應問題，而不是一味接受答案的時候，問題才會變得更有意義。因爲疑問本身的目的就不是順從，而是思考。**

09

格局有多大，溝通面向就有多大

講一個特別有意思的故事，曾經有一個初入行的保險銷售員向一個很有錢的客戶推銷自己的產品，他說：「看起來您現在是投入了幾萬塊錢，但在以後您生病的時候，就可以透過這幾萬撬動幾百萬，等於您現在就已經提前購買了一間房。」那個很有錢的客戶只是淡淡地回覆：「哦，沒關係，到我眞的生病的時候，我隨便把手上的房子賣一間就夠了。」

這位銷售的話術從溝通態度到業務描述，聽起來都沒有什麼大問題，爲什麼卻得到了對方這樣的回覆呢？這段溝通的問題出在哪兒？如果是我來解讀的話，我認爲關鍵問題在兩個字：格局。

從以上的對話分析，很顯然保險銷售員的格局來自財富積累的角度，因而認爲保險的投入與回報可以用一間房來類比，邏輯上沒有問題，但是這樣的想法對於一個手上有著十幾間房的客戶來講是沒有吸引力的，甚至有些小家子氣。財富積累到一定階段，他們評估事物並做出判斷和決策的角度和格局就不再僅僅是錢。「房子」打動不了他，「健康」可以。

格局，決定了溝通的層次。

面試中，我通常會問一個問題：「你曾經承受過最大壓力的事情是什麼？」透過這個問題來探測面試者的抗壓能力。有一次，一個面試者告訴我，她壓力最大的事是她和寢室裡的其他三個女孩子吵架了。我愣了一下，不知道應該如何回應。我當然明白，每個人的壓力和感受都會受到人生閱歷以及當下情緒的影響和局限。很多道理屬於歲月的饋贈，只有經過時間和過往的焠鍊，才能慢慢懂得。對於剛出校園的大學生而言，尚沒有經歷過社會上的風風雨雨，但是拿這個問題來問我，其實也得不到好的答案，因爲在我的記憶裡，已經沒有「如何與寢室同學相處」這個課題了。所以你問了一個可能隔壁宿舍女孩就能回答的問題，我既給不了你最好的回答，你也浪費了一個跟我交流的機會。

我常常在直播間裡回答網友的提問，其實也沒有預設什麼話題，但是不知道爲什麼每次直播都變成了人生和職場問答。我從來不覺得自己一定就是對的，也從來不建議大家完全套用我的模式，只是希望可以告訴大家：我用這個方法走過了一些路，最終的結果還不錯，你不妨結合自己的特點，試一試。我常常看到一些很籠統的問題，比如：「大學生怎麼面對走向社會的問題？」我都要問：「哪裡的大學生呢？家境怎麼樣？學校好不好啊？」諸如此類。因爲一個問題背後的對象不同，眞實的困境也是不一樣的。尤其不要用一個關鍵詞代替一個具象的人，這種大而化之的問題對於眞正想回答問題的人來說無從下手。我並不是在強調這次提問是一個多麼難得的機會，而是實實在在地希望大家可以在每一次拋出問題的時候提供更多的資訊，這裡面代表著你對眞實生活的思考。我們總說答案裡有你的價值觀，其實提問中同樣包含著你的思考、你的認知、你希望得到的別人對你的期待，以及對你格局的判斷。

溝通的內容是由溝通的思路決定的。溝通的思路是由一個人的想法決定的。一

個人的想法是由其格局決定的。所以，格局不夠大，溝通層次就會低。如果一直沒有提升，就會一直困在原地。

提升自我的格局，是一個緩慢的過程，它取決於你的人生經歷和不斷的思考。我們要知道：不斷上升，以到達更高的層面，這是需要動機、動力和行動的。如果你還沒有意識到格局這件事，你就很難有更高層次的突破，因而很難到達更高的天地。

舉個例子：在一次面試中，面試者講了很多前公司包括前老闆和同事的壞話，同時也帶出了很多商業操作方面的細節。面試還沒有結束，我就已經很清楚自己不會錄用他。我對這樣的行爲非常不認同，很明顯他缺乏一個足夠大的格局觀。他沒有把更多的視角放在自我成長和自我反思上，而是把責任和情緒都推給了別人，這是其一。他不明白圈子其實很小，他吐槽的人可能是我的朋友，他罵的公司可能和我們有合作或者是敵對關係，這是其二。他不知道在溝通過程中應該保持適當的距離和體面，這是其三。他會讓我覺得如果以後他離開了我的公司，我也會遭到同樣的待遇，這是其四。與此同時，面試者的格局太小，會讓我覺得他的工作能力和情緒控制也會與他的格局一樣。

再舉個例子，同樣在面試中，我還會比較關注一個概念：困境。我會問：你決定離開上一份工作的原因是什麼？遇到了什麼困境？你是怎麼解決的？如果他遇到了確實無法解決的局面，我會買單。同樣，如果他坦然表示自己的野心，需要一個更好的工作平台和機會，我會理解。如果他講出來的困境在我對他的評估和判斷來看根本不是問題，我覺得他在我這裡只會遇到更大的困境。而他的格局，注定不適合成爲我的同路人。

本質上「格局」是一個非常大的話題，可能一本書都講不完。要提升格局，就必須要從意識到格局的重要性開始，這一點，毋庸置疑。

小作業

你是一場直播秀的總監，原定十二點整開始直播。一位非常重要的嘉賓在直播開始前五分鐘才到場，且沒有妝髮，也從未對過台詞。

請提出你解決問題的方案。

4

共情的情，不是情緒，是情理

01

不要把情緒當作武器

大家都玩過「狼人殺」吧？在這個講邏輯的推理遊戲裡，有一種玩法是被禁止的，那就是「貼臉」。所謂「貼臉」，就是指玩家在發言中表露出過激的情緒。比如，一個人明明拿了狼人牌，但是在發言的時候振振有詞地說：「我拿我的人格擔保，我真的不是狼！」或者一個人拿了預言家牌，場上相信他的人卻很少，他就氣急敗壞地說：「那你們等著，等遊戲結束了看結果，到時候不要後悔！」又或者一個人要被大家投票淘汰了，就開始裝可憐，說：「我今天心情特別不好，才過來玩遊戲，求求大家了，就相信我這一次！」

爲什麼「貼臉」是狼人殺禁止的發言方

式呢？因爲這種玩法用很偏激的方法把情緒當作了一種武器。人，總是無法忽視情緒的，甚至很多時候非常容易被情緒主宰。這樣的發言會把一個本來以邏輯爲主的遊戲變成一場演技大賽，對講求邏輯而不把情緒作爲武器的玩家不公平。

回到現實的工作和生活中，「貼臉」無處不在，甚至可以說越來越流行。

一個女孩本來情緒非常穩定，但是談判對象很難說服又必須快速攻克，只好在談判過程中故意情緒崩潰，邊哭邊訴苦。最後，談判對象答應了女孩的條件，把情緒作爲武器的女孩獲得勝利。一個老闆明明沒有生氣，但是想讓員工更快地完成工作，於是故意情緒崩潰，佯裝大發雷霆的樣子，員工被唬住，不得不在高壓的逼迫下加班苦熬。最終，把情緒作爲武器的老闆獲得勝利。

這樣的例子還有很多，我在錄製綜藝節目《令人心動的offer》第二季的時候還專門討論過這個話題。正因爲每個人都遇到過類似場景，我們才會產生疑問：溝通要共情，那麼，能不能把情緒作爲一種武器呢？我的回答是：最好不要。

第一，功利性地把情緒作爲武器是一種非常低級的手段。它可能會讓你一次性達到目的，同時也會建立一個印象：你是個情緒不穩定的人。

在判斷晉升的環節，我非常看重一個人的情緒是否穩定。能力相似的兩個競爭者，我一定會選擇情緒更穩定的那一個。因爲穩定的情緒能夠保障就事論事的溝通，你可以如實地指出他的缺點，但情緒不穩定的人則接受不了。遇到挫折，情緒穩定的人會先做事，再處理情緒。而情緒不穩定的人則要先照顧情緒，再做事。崩潰的過程就是一個互相消耗的過程，這會大大影響溝通的效率和品質。

第二，長期使用情緒手段，會讓周圍的人免疫。等你有眞情緒時就不會被重視。

要手段這事屢見不鮮，利用自己的情緒，其實是利用了別人的同情心或者想息事寧人的心態，一旦奏效，很容易形成路徑依賴。所以當被人識破的時候，會有更大的反噬，等你有眞正的情緒出現時，你的交流對象很容易出現「狼來了」的心理，不再在意你的心情。《人生勝利聖經》（*TOOLS OF TITANS*）這本書中提到過一位將軍，他每次接到上級任務，上級都會問一句「還有什麼需要支援和幫助的」，他都會回答沒有。因爲他知道，不要隨意發出求救信號，這樣當自己有眞正的需求時，才會第一時間得到最全面的支持，因爲所有人都會知道他是「眞的」需要幫助了。

第三，情緒的消耗會降低溝通的實質內容，它也許能幫你促成溝通的結果，卻不能保證事情本身的品質。

我一直強調效率，利用情緒的過程實際上就避開了實質的內容討論，溝通者需要消耗更多的時間來應對情緒的阻礙，以及管理溝通中的情緒平衡。經常發生的狀況是：利用情緒作爲武器，可以把事情辦成，卻不一定能夠把事情做好。用情緒恐嚇來解決問題，很像哄小孩的時候，說出「你再淘氣我就不要你了」這種話。如果長期用這種情緒壓力去解決問題，小朋友不知道自己的問題在哪，還會成爲一個根據別人情緒反饋而判斷自己下一步行爲的人，不能找到眞正的解決之法。

總而言之，達成一件事情有很多種方法，不一定要用情緒，但情緒比較快、比較直接，這就是情緒的作用。我們需要明白情緒在這裡面能夠眞實產生的作用，卻不能依賴於把情緒作爲一種萬能的溝通方式，因爲它一定不會讓你獲得持久的有效性。

我從來不認爲情緒是一種武器，有人使用它，我不反對，但我絕對不鼓勵，我鼓勵的叫作同理心。眞正的同理心是理解對方，然後站在對方的立場上去思考問題。如果先認定情緒是種武器，我們是永遠達不到同理心的。同理心是懂得把對方跟自己放在同一立場上，而情緒作爲一種武器時，溝通的對象就被當成了敵人，站在了對立面。你的方式就變成了用情緒崩塌去恐嚇對方，換取對方的同情，以便達成你的目的。

回到狼人殺，眞正的高手是不帶情緒的，他們永遠是用自己的邏輯和思考來說服你，而你成長的過程就是不斷讓自己的判斷力得到提升，找出每個人發言的漏洞，從而做出正確的選擇。聰明的人會明白一個道理：如果我產生了一次情緒，獲得了勝利，我下一次就得產生一個更高的情緒。這樣下去，你就不是在玩狼人殺了，你是在演戲。

02

「多喝熱水」到底哪裡錯了？

女生說：「我今天『大姨媽』來了。」男生說：「多喝熱水。」老婆說：「我今天工作了一天，好累。」老公說：「多喝熱水。」女同事說：「最近壓力好大，好想辭職。」男同事說：「多喝熱水。」

「多喝熱水」這句話，是一個溝通中的爛哏了。為什麼這句話能夠惹得所有女生大翻白眼？原因很簡單：回答「多喝熱水」的人，若不是不懂同理心，就是不願同理。

溝通，不僅是言語上的你來我往，更是情緒上的你來我往。我們通常會把情緒理解成一種輔助手段，而溝通中的內容才是重點。有些時候，內容是要給情緒預留空間的，我們需要判斷，如果對方的問題是純情緒問題，那麼這個時候，對錯、觀點、道理就都不重要了。

舉個例子：一個女孩和男朋友吵架了，需要找人傾訴男朋友的過失，她通常會先找自己的閨密。因爲吵架之後的情緒第一時間是委屈，她需要一個傾聽者、一個支持者、一個同戰線的戰友。她可以在溝通中宣洩自己的情緒，直到自己的感性放大到最大值，然後理性慢慢回來。如果她找的是懂得同理心的溝通者，那就會是一場同仇敵愾的交談，就是對人不對事的被理解的感覺。如果女孩找到的是一個很講道理的說教者，在情緒沒有發洩出來的時候只強調對錯和道理，那麼委屈感就會加倍，女孩會覺得自己不被理解、不被關心，甚至會覺得全世界都是她的對立面。

可以想像，第二種情況多麼慘不忍睹。而那個不懂同理心的人會覺得自己說的都是對的，但是搞不懂對方爲什麼就是不聽，自己反倒被指責沒人情，甚至沒人性。不好意思，人都會因爲情緒爆棚而腦袋進水，你要是不能讓這女孩腦子裡的水變成淚水從眼睛裡流出去，你就永遠都無法跟她講道理、談方法。

再舉一個例子。我有個前同事，她能力很強，但總是很情緒化。每當她有情緒波動，需要找人聊天、需要人陪的時候，我就很明確地知道：她不是不知道該怎麼辦，而是想找個肩膀、找雙耳朵。我需要做的就是不斷地跟她說：「我理解你。」「我懂。」「真的不是你的問題。」只要能讓她在情緒上有個支撐，就夠了。

純情緒溝通不需要建議，更不需要解決方法。你大可以把自己想像成一個樹洞，對方只是想把情緒傾倒在你這裡。或者，你把自己想像成一個無情的站隊機器，對錯不重要，站在對方身邊才重要。

回想一下上面的三句話：「我今天『大姨媽』來了。」「我今天工作了一天，好累。」「最近壓力好大，好想辭職。」這些表達到底在尋求什麼？答案很簡單：她就是在撒嬌，她就是希望你在意她，她就是希望獲得你的理解，她就是在渴望你的關心，她就是在期待你的安慰……

面對女友的「大姨媽」，你就抱著她，說一句：「沒事，我陪著你。」

面對老婆的疲累，你就給她按按摩，說一句：「辛苦了，好好休息一下。」

面對女同事的壓力，你就給她一個堅定的眼神，或者拍拍她的肩膀，說一句：「你這麼優秀，一定沒問題！」

純情緒的表達到處都是，它可能發生在親密關係中，也可能發生在職場上。

它不僅發生在女生身上，男生也會有這樣的需求。這個時候，男生可能會跳起來反駁：「不是啊，如果有哥們給我純情緒的輸出，我通常會從事實的角度出發，給他分析，男生之間，觀點和內容更重要。」好，我可以承認這個點，但是，我就問問廣大的男性朋友，那你們爲什麼這麼喜歡借酒消愁？你們喝酒的時候說的那些話，也是在給對方提供解決方案和案例分析嗎？

那些酒桌上劈哩啪啦、酒桌下什麼都不記得的話，眞的不是一種情緒對情緒的「嘿，兄弟，沒事」？

03

「對不起」應該怎麼說？

「對不起，我錯了，你都是對的。」

這個道歉聽起來怎麼樣？你會如何回應？反正是我，我會炸。那麼問題來了，為什麼對方已經先道歉了，結果卻會讓人更不爽？

問題出在態度上。在情感溝通的過程當中，道歉是一種強表達，是一種修復，出發點是之前行為造成的損失和傷害。為什麼我們要道歉？是因為我們在意，不論在意的是人、是關係、是結果，還是利益。總之，道歉的訴求是徵得對方的理解、諒解以及和解。所以，**道歉的目的是達成某種共識，進而在情感上再次回到同一陣營。**

「對不起，我錯了，你都是對的。」這

句話裡，最讓我火大的是這個「都」字。「都」意味著什麼？它意味著道歉的人根本就不知道為什麼自己要道歉，甚至帶出了內心的「我很不情願」和「好吧，好吧，就這樣吧」。真誠的道歉一定是你真的意識到自己給對方帶來了傷害，或者把事情搞砸了，而不是你覺得自己沒有錯又不得不站出來。

如果你都還沒有說服你自己，那就不要急著道歉。在說出「對不起」之前，先把思路理清楚，這樣態度才會明確。態度夠真誠，對方才能真正感受到你的真誠。

「對不起，我錯了。但是如果你當時態度好一點，我也不會說這樣的話。」

「對不起，我錯了。可是如果我當時就告訴你，你肯定會反對的。」

「對不起，我錯了。不過這件事情不是已經得到處理了嗎？」

這三句道歉聽起來怎麼樣？會不會覺得有哪裡不對？為什麼聽起來不但沒有得到情感上的撫慰，反而好像更加生氣呢？關鍵是後面的那句話，**道歉的核心不是那句「對不起」，而是對不起之後的內容。在這裡，真誠的道歉要找的是原因，而不是藉口**。要想區分原因和藉口其實非常簡單，藉口是你把責任推卸到別人身上或者外界上，而原因是從自己身上尋找。

「對不起，我錯了。但是如果你當時態度好一點，我也不會說這樣的話。」這是藉口。

「對不起，我錯了。當時我確實沒有控制好自己的情緒，一時衝動了。」這是原因。

「對不起，我錯了。可是如果我當時就告訴你，你肯定會反對的。」這是藉口。

「對不起，我錯了。當時我沒有在意你的感受，沒有將實情告訴你，也沒能及時瞭解你對事情眞實的想法，是我對你不夠尊重。」這是原因。

「對不起，我錯了。不過這件事情不是已經得到處理了嗎？」這是藉口。

「對不起，我錯了。當時如果一起想辦法、一起解決，結局可能會更好。」這是原因。

在道歉的邏輯裡，出發點不是對方，而必須是自己，只需要思考我是不是確實有沒做好的地方。對方沒有問題嗎？當然也有問題。只要出現需要道歉的情景，那**兩方一定都是過錯方，不存在絕對沒有過錯的一方。但是眞誠的道歉一定會同時給**

對方提供反省和思考的機會。

如果能夠意識到態度和找自己原因這兩點，道歉就已經非常真誠了。我想說，如果你不滿足於此，那道歉的時候還有一個非常重要的元素需要注意，那就是再加上一個建設性的解決方案。如此，這就是一個接近完美的道歉。

道歉不僅要真誠地往前看，還要建設性地往後看。

提出解決方案就是主動承擔責任。道歉可以讓溝通重啓，而解決方案可以讓溝通更快地朝正確方向運行下去。「親愛的，對不起，今天我實在太忙了，晚飯和電影爽了你的約，下次不會了。」這是一個真誠的態度，值得借鑒。其實更好的表達是：「親愛的，對不起，今天晚飯和電影是我爽了你的約。我查了一下日程，這個週六我沒有工作，我會預訂好餐廳和電影票，如果你那天也有空，我們把今天的補上。」真誠的態度、自己的原因、解決的方案，全部到齊。我想，不論是誰聽到這樣的道歉都不會有太大的意見吧？如果還不滿意，那就不是這件事的問題，而是人的問題了，也就不僅僅是道歉可以解決的了。

活學活用，我來創造三個需要道歉的場景，你來想一想應該如何道歉。

第一個場景：「雙十一」期間，你因爲晚上血拚到深夜導致第二天嚴重遲到，你進大門時剛巧被老闆撞個正著，隨即被叫到了辦公室裡。你該如何道歉？

第二個場景：和伴侶發生爭論，你突然沒有控制住自己，爆了粗口。你該如何道歉？

第三個場景：客戶要的工作成果，你因爲對方的眾多要求沒有完成，今天就是截止日期，你卻拿不出東西。你應該如何道歉？

04

壓力太大，怎麼辦？

有一天，我看見辦公室裡的一個年輕女職員用手用力地擠壓著一個什麼東西，從表情上來看，這個動作讓她很舒服。我走近一看，發現在她手心裡的是一隻眼珠。驚恐之餘，我才發現那是一只用橡皮做的假眼睛，用力一按，黑色的眼珠就會從裡面被擠壓出來。這是從日本傳過來的一種玩具，年輕女職員嘴裡冒出了四個字：「解壓神器。」

壓力，幾乎給每個人都帶來過困境。無論生活在都市還是田野，無論剛入行還是久經沙場，這種可怕的力量都會以各種形式出現，從來都不會放過任何一個人。要理解壓力，大小是關鍵。這裡的評判標準取決於你自己的抗壓能力。面對略低於或等於你抗壓能力的壓力可能是一件好事，處理得當，這種壓力可以轉換為動力。如果壓力明顯大於一個人的抗壓能力，這種壓力就會變成阻力，甚至是一種摧毀力。

壓力過載會導致一個嚴重的後果：動作變形。

動作變形非常可怕，因為它會讓一切都變得極不穩定，本來可以完成的任務可能會因為動作變形而承受失敗的風險。要避免動作變形，就需要知道對抗壓力的方法。我們可以把壓力源分為兩種：間接壓力源和直接壓力源，它們對應著兩種不同的解壓策略。我想說，比起拚命地去捏手裡那只假眼球，溝通才是解壓的良藥。

直接壓力源最好理解，就是某個人直接透過語言和行動對你施壓，你可以有的放矢地進行抵抗。這時候可以透過「直接叫停」和「尋求共識」的方法解決，具體可以分為以下四個步驟：

第一步，自我預警。

我們可以將壓力的管理機制理解成一個閥門，當壓力過大的時候，我們一定要有一個報警裝置，防止動作變形。你要時刻提醒自己，現在的焦慮和緊張已經到達會導致動作變形的邊緣，必須先停下來，將情緒冷卻下去，把它當作一件正常的事情處理。

第二步，直接溝通。

如果溝通對象的施壓程度超過了我的接受程度，我會選擇直接告訴對方：「請不要再向我施加壓力了，如果壓力過大，可能會導致我動作變形。我知道你給我施壓的目的是引起我的重視，我可以很肯定地表示我已經充分重視了。」我之前不斷強調，直接是溝通中很重要的方法。在溝通中的壓力爆棚時刻，我們就需要直接叫停，讓對方明白壓力的程度邊界在哪裡。

第三步，再次理清共識。

單純要求對方不要再進行施壓是不夠的，接下來，我們需要花一些精力和時間與溝通對象再次理清彼此在關鍵部分的共識。這件事情的首要目的是什麼？目前這件事情最大的困難是什麼？我們面對這個困難的解決方案是什麼？我們目前有沒有爲最壞的結果做好準備？透過這些問題，我們可以再次和溝通對象梳理事件，並且在確認資訊之後，讓自己的情緒得到穩定。

第四步，尋求（或提供）幫助。

尤其在團隊裡，自己或者同事面臨合作方施加的壓力，一定不要獨自面對，而要抱成一團，彼此提供支持和幫助。理性一點，我們可以在同伴的幫助下把整個事件再理幾遍；感性一點，我們可以得到同伴的寬慰和支持。如此，壓力會分擔到更多人的身上，我們也能在合作中更好地緩解壓力。

與直接壓力源相比，間接壓力源會比較複雜，它透過一個龐大的外部系統形成，最終直接作用於接受者，說白了，就是你無處喊冤，因爲這種壓力沒有一個明確的來源。這個時候就一定需要良好的自我溝通來疏解。

一年前，我的名字頻繁出現在熱搜上，幾乎都是對我的營銷手段的誤解和以此產生的話題。其中一條我印象非常深，是指責我所帶的藝人在社交媒體上都在用同一種口氣說話，甚至取名叫「天眞體」。這種毫無邏輯的推理給出一個與事實相去甚遠的結論，但是把我放在了風口浪尖上，當時的壓力讓我感受到了「至暗時刻」，以至於對自己整個的工作內容和方法都產生了很大懷疑。

我在家裡什麼也沒做，曬了三天太陽，也做了三天的深度思考。所謂深度思考，就是在我們想一個問題沒有答案的時候，不斷拆解這個問題，逼迫自己追問答案背後的動因、問題背後的問題。這就是一種自我溝通。尤其是在面對「無形之針」的時候，這種良好的自我溝通極其重要。這一點，我在第一章有非常詳盡的描述，接下來，我會針對具體情況分三步闡釋自我溝通中的解壓過程。

第一步，問自己：我會因爲壓力而改變嗎？

當時，我把這個問題想到了極致，如果再來一次，或者再遇到類似的情況，我還會用同樣的方式去解決嗎？我的結論是：我會。因爲這是我的工作風格和工作方法。我用這一套方法論創造了不小的價值，也獲得了很多成績。那麼，我就必須面對這套方法論所帶來的損失。當時我可能要面對的局面，就是每一套方法論都一定會有屬於它的副作用。我不能因爲看到了副作用就全盤否定它。

第二步，問自己：如果我換一種方式，壓力依舊存在嗎？

你會發現這個答案同樣是：會！我藉此重新全面地梳理了自己的工作，並看到了很多在沒有壓力的狀況下看不到的東西，同時明白了問題的必然性，除了承受，沒有解決方案，因爲我的選擇不變。我在那個時候清晰地認知到自己不會因爲輿論的壓力而改變自己，所以就選擇了去承受它。

第三步，問自己：接下來，我要如何跟相關的關鍵人士達成共識？

我應該先跟所有的客戶溝通，避免他們產生誤解。因爲除了我自己的感受外，他們才是這個事情的受損方，透過溝通告知他們這件事情發生的緣由，還有我的解決方案。

回到辦公室裡的那個女孩，除了假眼球，她還網購了各種各樣的解壓神器，有超大號的要用拳頭捶打的「確認鍵」，有透過手部擠壓而呈現各種扭曲表情的橡皮人臉，有固定在桌子上任你怎麼打也打不倒的不倒翁沙袋……

當然這些東西其實最終都沒能完全解決她的壓力，我跟她說了以上我寫到的這些方法，後來……後來的事情，我還沒有問她，好奇的話，你不妨也試試？

05

先說個故事，試試

要表達一個地方很窮，而且客觀數據顯示這個地區的饑餓率是二十%，你會怎麼說？現在這裡有兩種說法，第一種說法是：這個地區的經濟水平大大影響了所住居民的生活水平，他們的饑餓率達到了驚人的二十%。第二種說法是：講一個孩子每天吃不飽飯的眞實故事，並在結尾告訴大家，在這裡像這樣的孩子平均每五個裡就會有一個。哪一個說法更打動你？

我想，大部分人會覺得第二種帶來的衝擊力更強。爲什麼？其實很簡單：這是故事的力量。

柏拉圖說：「會說故事的人統治世界。」在溝通裡，也可蹩腳地引述他的話：

「會說故事的人統治溝通。」

我們作爲有感情的人類，都對故事有著天然的親近感和好奇。一個好的故事，總能撥動我們內心深處最感性也最脆弱的部分，讓我們在情感上無法抗拒。所以在溝通中，我們要把觀點轉化成故事，人們會抗拒聽觀點，但是聽故事，人們會買票。

我有一個公開表達的小方法，就是每次公開發言，都會講一個和主題相關的故事作爲開場，通常會把一個問題作爲懸念留在故事的結尾，透過這個問題的解決方案引出後續的論述。因爲在一對多的嘈雜環境中，故事能夠在短時間內吸引大家的注意力，將目光集中到我身上，而講完這個故事，就可以先同理了，並且在我接下來的敘述中，所有人都已經在情感上做好了準備，在接受程度上也已經做好了鋪陳。下一步才是共識。

幾年前，還是經紀人的我要在一個投資人年會上做一段演講。當時我剛剛成立了自己的公司，需要在這場年會中獲得投資人更多的認可。我沒有在一開場就切入主題，而是講了一個我的合夥人的故事。

我的合夥人已經在行業裡做到了很高的位置，之前帶的都是非常大牌的藝人。新公司成立以後，我們需要簽一些有潛力的新人，她也親力親爲。有一次，我們看中了一個非常優秀的年輕藝人。因爲對方年紀太小，必須和他的父母簽約，而他父母生活在比較閉塞的小城鎮，從聽說我們要培養他們的兒子成爲演員開始就非常反對，堅定地認爲我們是在有計畫、有預謀地行騙，以至於決定讓他們的兒子放棄北京的學業馬上回家結婚生子。然而，我的合夥人在這種情況下仍沒有絲毫猶豫，直接去了對方的家裡。誰知道男孩的爸爸帶著全族人一起跟她見面，在整個見面的過程裡，他們甚至拒絕用普通話跟她交流，只是對男孩大呼小叫並轟她走。當時的陣仗很大，合夥人被嚇傻了，但是沒有放棄。

當天晚上，男孩帶著媽媽來安慰合夥人，媽媽講起了自己也曾經有一個文藝的夢想，講起了兒子小時候畫畫有多値得她驕傲，講起了她多希望兒子憑自己的能力走出去見更大的世界……動情之處，兩個女人都流下了眼淚。最後媽媽當場答應讓男孩和我們簽約，並且讓合夥人帶著他連夜離開了小城鎮。

這是一個非典型故事，因爲這麼多年，有這樣簽約過程的藝人只有這一個。然而這又是一個跌宕起伏有張力的故事，其實我是想表達簽約新人不是一件看起來很容易的事情，即使如此，我們也一直在堅持，從來都沒有放棄。如果我僅僅這樣表達，投資人是無法感受我們工作中的難處的，所以我們需要故事。

在溝通尤其是公開表達中，我們需要在短時間內抓住大家的注意力，此時就必須有一個讓更多人能接納和進入我們節奏中的方式。我通常會選擇講故事。

我們所理解的溝通中的同理心，絕非一種簡單的情緒，而是一種情理。我們常常說要主動地把自己放到溝通對象的情理之中，從對方的角度去思考問題。很多時候，我們也需要主動把對方拉到我們的情理之中，讓對方能夠感同身受地體悟到我們的想法。故事恰好能夠以強大的力量做到這一點。

開始做大尺碼女裝之後，我一直被問：爲什麼你選擇做大尺碼女裝？我嘗試過很多方式來解釋自己的初衷，講道理，說數據，分析大尺碼女孩的著裝現狀，比如這個世界提供給瘦女孩被看見的機會很多，但是對大尺碼女孩來說眞的太少了，大尺碼女孩太需要被看見。做大尺碼女裝，我希望能夠讓更多的大尺碼女孩屏除審美的固定偏見，眞正地自信起來。

最後，我發現能讓大家瞭解我的初衷最有效的方式，還是故事。

有一天，我發了一部短影片，那是一條大尺碼女孩模特兒的集結號，我表達了希望身邊的大尺碼女孩都能夠勇敢地展現自己的想法。很快，那部影片下面就有非常多陌生女孩的留言，「我身高一五八公分，七十公斤」「我身高一六五公分，七十五公斤」「我身高一七〇公分，八十公斤」，大家紛紛留言，把樓蓋得很整齊。突然，我接到了一個朋友的微信，是一條轉發，來自一個大尺碼女孩自信滿滿的自我介紹：「我原來是空姐，說明形象好；能平衡好工作和生活，說明我情商高；我主動來爭取這件事，說明我態度積極，請問能不能給我一個機會。」那天，我看到了那麼多大尺碼女孩，她們在現實生活中可能只是躲在自己的角落裡，默默接受這個世界不公的評價。現在，我所做的這件事情，給了她們一個機會、一個出口、一個舞台，讓她們可以有勇氣站起來，說：「我很美，我需要被看見！」

道理，讓我們看見事；而故事，則讓我們看到人。同理心，可以調動溝通中的溫度，讓我們能感受到情感，進而得到感動和撫慰。太多的時候，我們選擇直白，渴望道理能夠直擊對方，卻忘記了每個人內心深處那個最柔軟的地方。一個人會因爲覺得你說得很對，而選擇同意你；但一個人只有在覺得我和你一樣的時候，才會選擇相信你。

道理，是讓人同意的；而故事，是讓人相信的。

06

如何面對別人的言論和傷害？

還在做經紀人的時候，不少年輕同行都會告訴我這樣一件事：每當他們無法面對洶湧的人言，在各種被罵的聲音中找不到方向的時候，就會點開我的微博，刷到評論區，直到看見楊天眞都被罵得那麼慘，沮喪的心情突然就得到了釋懷。

對於這件事，我想說，楊天眞本人早就看開了。

因爲性格的關係，我幾乎從小就是人群中的焦點人物。在任何一個環境裡，無論是班級、年級，還是學校，好像總是所有人都認識我。被大家討論這件事情，是我的常態。也是因爲從小就有這樣的經歷，所以我很早就明白，無論是陌生人還是親近的人，一定都會對我們抱有態度，正面也好，負面也好，有人喜歡你，就會有人討厭你。

如何面對別人對你的評價，或者說，如何面對在別人眼裡的自己，我最簡單的回答就是：這些言論根本不重要。

我能理解，負面的言論和罵聲有可能會影響一個人，影響他的情緒、狀態、成長、工作，甚至人生。如果不能放下，起碼要讓它變得越來越不重要。要想降低這些聲音的負面影響，我想從三個面向來拆解這個問題：陌生人、認識的人、親密的人。

首先來說陌生人。陌生人對自己的評價，我可能很早就已經克服了。這個面向看似規模最大，聲勢最唬人，但其實最好解決。回想寫在開頭的那個笑話，我們能發現一件事：這個世界上永遠有人比你被罵得更慘。原因是什麼呢？無非是有很多人的情緒找不到出口，需要宣洩，所以這種時候最不應該做的就是對號入座。將他們的言論和自己一一比對會浪費你的時間、精力和情緒，最後發現毫無用處。很多時候罵你的人單純就是想罵人，罵的是不是你甚至並不重要，今天罵了你，明天又會去罵別人。你要是認眞，豈不是自找苦吃。實在心裡過不去，就來看看我的微博評論區，這個地方永遠爲你敞開。

第二個面向是認識的人。要拆解這個面向，我想先說一個故事。還在做經紀人的時候，我和一個很知名的藝人解約，身邊所有的朋友都知道是我主動做了這個選擇，但事情傳到外面，就扭曲成我丟失了一個重要的客戶。當然這是我工作中的常態，已經習慣了。突然有一天，一個朋友很生氣地告訴我，她看見另一個相識但不相熟的朋友在一個群組裡添油加醋地說：「你看楊天眞總是覺得自己多厲害，還不是把這些人都丟了。」跟我講述這件事情的朋友很生氣，我很感激她。而那位要嘲諷我的認識的人，其實我也理解，因爲每個人身上都有一個很難克服的東西，那就是人性，誰都逃不過。比如故事中的這個人，當她看見一個比她過得好的人突然有了情況或者出現差池，就會忍不住偷偷地開心，內心潛藏的意識是希望別人不如自己。我不是個特定對象，我只是個出現的狀況。她也不是對我攻擊，她是對自己人性的不釋懷。

或許這麼說起來有點太過悲觀，事實就是只有我們把對他人的要求慢慢放低，不站在道德的制高點上要求別人的時候，我們自己才會好過。所以，下次再碰到認識的人對你口出惡言，或者背地裡對你惡語相向，想想這三個問題：第一，他對我重要嗎？第二，他說的問題，我是不是眞的有；如果有，則要反省和改進。第三，他是不是沒有控制住自己人性的黑暗面？如果不能忽略他，至少要讓自己放鬆一些。

第三個面向是親密的人。這一點我覺得時至今日我依舊克服不了。我所能做的，就是把這種傷害留給時間，努力地讓自己把注意力移走。因爲一旦我的目光聚集在那裡，就一定會有很多負面情緒迎面而來。即使我們已經非常懂得需要站在別人的立場和視角想問題，依然會有深深的疑問：明明我們有過那麼多只屬於彼此的共同經歷，那麼多旁人無法感受的共識，爲什麼你要這樣對我？

在這樣的邏輯鏈條裡，每個人都一樣。如果傷害和誤解來自一個自己覺得很親密的人、深愛的人、一個幾乎和自己同等重要的人，我們都會難過，甚至沒辦法從裡面走出來。我們要明白，這很正常，因爲愛得深，所以傷害就會深。

小說《亂世佳人》裡有一句非常經典的話：Tomorrow is another day。不同的人對此有不同的解讀，曾經看過一種分析，認爲這是一種心理防禦上的措施。女主角郝思嘉其實是把苦難先埋了起來，但並沒有解決這個問題，從心態上，她只是把問題丟給了明天，在未來，這個沒有結局的問題依舊會被重啓。

我已經屬於很有勇氣面對自己所有問題的人了，但不得不承認仍然會有一些無法面對和無法用情緒對撞的事情。歸根究柢，就是我們既無法面對，又不能放下。我的想法是：如果面對實在做不到的事，至少應該像郝思嘉口中「明天又是新的一天」那樣，暫時把它埋到土裡，轉移一下注意力，千萬不要把自己困死在那裡。

總有一天，你會突然明白其中的要義，突然放下，突然釋懷，突然知道自己應該如何面對。這一天究竟什麼時候到來，誰都不知道，但很少會有傷痛滯留整整一生。如果我們無法靠與對方的溝通去解決，也無法靠及時的自我溝通去解決，那我們就只能把它交給時間去解決，這也是唯一的辦法。

面對陌生人的言論和傷害，我們需要知道他們不重要，或者至少嘗試讓他們不重要；面對認識的人的言論和傷害，我們要認識人性，降低自己的期待，讓自己放鬆；而面對親密的人的言論和傷害，我們還有時間。

07

別做情緒的綁匪，也別做情緒的囚徒

很少會有人眞正被綁架過，但幾乎每個人都經歷過或大或小的情緒勒索。

溝通中的情緒勒索來自一種不平衡，一方用情感的方式把壓力傾軋到另一方的身上，而被施壓、被綁架的一方常常會因爲自認爲無法拒絕的理由不得不做一些不情願的事。這個邏輯是一種貌似等價的交換，有句歌詞唱得很到位：我拿青春賭明天，你用眞情換此生。

幾年前，一個男性朋友遭遇了人生的一大困境：離婚。他當時很苦惱，找我傾訴，說每次跟他太太吵架，太太都會跟他說：「我十六年的青春都給了你，你卻要拋棄我，你怎麼可以這麼做？」而這句話所折射出來的正是他們婚姻中一個最殘酷的現實：在婚姻中的他們已經同床異夢，同屋異語，無話可說了。當時我的第一反應是問他：「難道不是你們的十六年光陰給了彼此嗎？」

情緒勒索的核心通常看起來都冠冕堂皇，用付出、犧牲、期望、眞心等似乎無可辯駁的理由作爲籌碼，然後站在高高的道德制高點上，向對方提出要求。這是一層迷障，要突破這樣的迷障，不僅需要思考，更需要勇氣。因爲這些詞語的光芒實在太耀眼，它們所處的位置實在太正確了，而對方的狀態又實在太脆弱，太値得被同情和關懷了。

就是因爲這樣，我們才應該反過來，用同樣的思路想想自己，把自己當回事，難道這樣的邏輯在自己身上不成立嗎？難道自己的犧牲和付出就不値得被看見嗎？難道他們給我們的人生就是我們應該追求的嗎？

回到這個男性朋友的例子。首先，婚姻是一種自願的選擇，當時的山盟海誓是兩個人共同許下的承諾。如果覺得委屈，覺得不服，覺得不值，當初爲什麼要爲難自己？自己不才是那個應該爲自己的人生負責的人嗎？所以，這十六年的青春，不是給了另一個人，最重要的是給了自己。其次，婚姻不是一種簡單的付出和獲得，而是兩個人要一起去維持的一種關係，雙方是平等的。沒有任何一方需要和應該去做到「犧牲」。最後，我們不得不承認，婚姻中確實存在因經濟實力或成長節奏而產生的「不平等」，但是一定沒有絕對的弱勢方和受害方。假如沒有任何出軌、欺騙、暴力或冷暴力、不贍養老人或家庭等原則上的過錯，兩個人最終的問題是出在因成長過程的不同步而導致的無法交流和溝通上，那麼十六年青春的說法就會讓人無法正視眞正的問題，也會自動把自己代入受害者的身分，不僅爲難了對方，更重要的是實實在在地傷害了自己。

有關犧牲感，我在《令人心動的 offer》節目裡刻意討論過。犧牲感給了付出行動的人委屈，給了另一方愧疚。但這兩種情緒除了彼此折磨，沒有任何意義。以上對情感綁架的分析很挑戰人們約定俗成的認知，顯得不近人情、冷冰冰的。所謂情緒勒索，其實就是很複雜的顚倒是非，把「自己」「關係」「責任」全部混淆在一起，使得情緒一團混亂。我們要釐清複雜關係，避免被情感綁架，就需要這樣的冷靜甚至冷血。

我身邊有些同齡人選擇閃婚，原因是家裡的老人身體突然出現了狀況，希望在臨終之前可以見到孩子結婚生子。爲了完成他們的心願，這些朋友會去結婚，即使這並不是他們的人生計畫。這樣的做法錯了嗎？從某方面來說，大家都很努力了。一個不想結婚的人爲了完成家人的心願找了一個人結婚，以爲這是皆大歡喜，但故事過不了多久也許就會變成怨天尤人，甚至一生怨念。面對你愛的家人的請求，尤其是老人家的希望，你又能說「不」嗎？這就是生命的羈絆，是我們每個人活在社會、家庭中，作爲個體要去體會的愛恨情仇。整件事裡，也許沒有任何一個人是有錯的。只是大家對事情的理解不同，老人家希望的是孩子們幸福，認爲成家的人才是幸福的，所以你得成家。實際上，對不同的人而言，幸福的方式是不同的。有的人結婚生子，樂享一生安定；有的人就注定漂泊半生跌宕起伏，充滿刺激和挑戰才讓他覺得幸福。

很多不理解是長時間的不溝通造成的，有時候努力溝通無果後就放棄了，因爲人的觀點形成都有自己的時代特徵，也有環境屬性，要眞正做到感同身受是不可能的。當然這是一個非常個人的選擇，每個人都有只屬於自己的特殊背景和緣由，我沒有任何資格和權利給出任何建議。對我來講，我不會爲了任何人，曲解自己的意志。這很自私，也很決絕，我會想盡一切辦法讓我的親人、朋友理解我，但是絕對不會爲了滿足其他任何人的想法而改變自己的想法。因爲他們的最終目的是希望我幸福，但是我幸福的方式，是由我自己定義的。如果他們的目的只是操控我，那我就更沒有必要滿足了。所以，我自己想清楚了目的和手段，基本上就不受這些事情的困擾了。我會眞誠地花時間去交流，獲取理解，但絕不妥協。

情緒勒索之所以會讓人不知所措，不是因爲惡意，恰恰是因爲善意。因爲是付出，所以我們得補償；因爲是期盼，所以我們得滿足；因爲是爲我們好，所以我們得接受……最終，還是那句話，反過來想想，把別人當回事，也要把自己當回事。面對付出，我們也付出過；面對期盼，我們也有自己的期盼；面對爲我們的好，只有我們自己才明白自己想要什麼樣的人生。

不是因爲冰冷，所以選擇抵抗。恰恰相反，我們是因爲溫度、因爲愛而選擇了不同的理解方式。因爲我們知道，如果眞的被綁架了，最終受傷害的除了自己，還有那些愛著我們的人。我們不想傷害自己，更不想讓愛著我們的人因爲我們的選擇而遭受痛苦。

小作業

還記得本章第三節「『對不起』應該怎麼說？」結尾我提出的需要道歉的三個場景嗎？

第一個場景：「雙十一」期間，你因為晚上血拚到深夜導致第二天嚴重遲到，你進大門時剛巧被老闆撞個正著，隨即被叫到了辦公室裡。你該如何道歉？

第二個場景：和伴侶發生爭論，你突然沒有控制住自己，爆了粗口。你該如何道歉？

第三個場景：客戶要的工作成果，你因為對方的眾多要求沒有完成，今天就是截止日期，你卻拿不出東西。你應該如何道歉？

5

不是「我和你」，是「我們」

01

別讓「對錯」毀掉溝通

一次商務合作臨近尾聲時，關於最終文案的擬定卻出現了分歧。一方是我團隊的成員，另一方是客戶也就是甲方。幾輪溝通都沒能達成一致，快到結案日期，分別來自雙方的兩句話猛然點醒了我，讓我對溝通中的共識多了一些不同的體會。這兩句像閃電一樣的話是什麼呢？

先說我的同事，她問我：「天真姐，我要怎樣才能讓客戶知道我們是對的？」這個問題很有意思。在當下的工作中，我發現，對錯這個思路在三個方面困擾著她。

第一，對錯的思路造成了封閉的判斷。

因爲當你覺得自己是正確的時候，就會在潛意識裡斷定對方是錯的。試想，誰願意成爲錯的那一方？更何況對方是甲方。當我們在溝通中希望說服對方的時候，往往會進入這樣的誤區，那就是我們總以爲自己是對的，而且希望透過各種方式讓對方看到我們的正確之處。事實是我們越說，分歧就越多。

第二，對錯的思路源於訊息量的不對稱。

甲方給出了很多修改意見，這些意見都建立在對方的經驗之上，但是團隊成員缺乏相關領域的知識積累，容易陷入自己正確的思維中，進而忽略了對方眞正的意圖。訊息量的不對稱，會導致雙方在對錯的判斷上南轅北轍。

第三，對錯的思路阻止了更多的可能性。

對錯是一個極端概念，但在溝通的過程中，極端是很少出現的。A方案和B方案可能只是七十分和九十分的區別，但對錯是〇和一百。如果太執著於對錯，就很難看到另一方的可取之處，也就本能地關閉了更多的空間和可能性。

所以，最後我給同事的建議是，首先，不要讓對方覺得你是對的，而要讓對方覺得你們是一樣的。多給對方建議，少給對方意見。其次，惡補與方案相關的行業知識，盡量在短時間內縮短由於資訊不對稱引起的認知差距。最後，將方案的細節進行反復比對，用進步和機動的觀點來梳理和確認。

另一邊，我們來說說甲方。甲方告訴我：「你們改了好多遍，添加的內容沒有一個是我想要的，刪掉的地方又全部是我想保留的。」這句話，也很有意思。我們分開來看看。

首先，甲方的意思是我們全部白做工嗎？當然不是。我的判斷是我們沒有解決對方的核心需求，而在核心需求沒有被解決的時候，其他努力就容易被忽視和否定。所以我問了對方一個問題：「什麼是您一定要的？」對方總不能告訴我什麼都不許動、什麼都不能改吧。這指向的是最關鍵的訊息：對方的核心需求。**唯物辯證法有一個很厲害的洞見，那就是抓主要矛盾。溝通也一樣：抓核心需求。核心需求解決了，其他改動就會變得容易。**

其次，因爲我們在之前的溝通中，一直在用對錯製造對立面，對方就會下意識地反彈，認爲我們和他們不一樣，所以會有防守動作。而我處理的方式是不斷告訴對方我們的方向是一致的，但是到達一致的終點會有不同的路徑，現在我們需要做的就是找到這條統一的路。這樣一來，在目標上，我們是一致的；在方法上，就獲得了更大的改動空間，不會像原來一樣，做什麼都是錯的。

最後，不是每個溝通者都清晰地知道自己要什麼。出發的時候，我們只有一個大體的方向，而具體的目標和方法會在溝通中經過不斷地磨合和商榷，逐漸清晰。在溝通的過程中，我會不斷地詢問對方的需求，並把需求切割成非常具體的點：「這一段內容，希望強勢還是溫柔？」「文案的結尾是需要確定感，還是延伸感？」「開頭是講一個故事，還是放一組數據？」讓對方的需求逐漸細化和具象化，並在一個個細節上得到確認。當我們的處理方式和對方的預設越來越相同的時候，溝通的信任感就會建立起來。人嘛，總是更喜歡和自己像的東西。

以上是一個協調雙方溝通的例子，我們可以看到，在溝通的過程中，對與錯的預設是一種多麼可怕的狀態。它就像是一扇大大的防盜門，猛地一關，溝通的管道就會迅速被阻斷。**究其原因，是對與錯在世界的兩端，它們之間的距離實在是太長了，沒有任何溝通高手能夠穿過如此遙遠的距離與另一端對話。**相反，**如果我們能夠在溝通中和對方站在一起，不斷強化共識，那麼就像是隔壁鄰居家的狀態，我們開開門，順手就能敲到對方的門，這樣說起話來既輕鬆，又有親切感。**

想想，我們多少次遇見鄰居親切的笑容，而宇宙的另一端，到底住著什麼樣的外星人，到現在我們都還不知道。

02

為了達成共識，該如何拆解目標？

回顧過往的工作經歷，曾遇到過這樣一個難題。那時候，我們的藝人拍了一期頂尖雜誌的封面，方案做得非常有創意，整個概念加上藝人的影響力和表現，我們判斷這將是一張不僅具有時下轟動性，並且有可能在未來同樣具備影響力的封面。但橫亙在我們面前的是一個看起來幾乎解決不了的難題：在整張封面圖的下方，應雜誌廣告客戶的要求，必須加上一句廣告語。效果圖很明顯地說明了事實，這句廣告語將嚴重地破壞封面方案的效果。

問題來了，我們如何讓這條廣告語消失呢？這肯定是一場檢驗功力的艱難談判。

我們整個團隊先分析了其中的難度。首

先，廣告商是雜誌的贊助方，且已經簽了合約，具有絕對的話語權。沒有廣告商的點頭，我們誰說話都不算數。其次，負責任地講，雜誌封面有廣告語是雜誌界的普遍現象，且這次封面上的廣告語並不算過分。最後，我們嘗試了各種字體及設計，效果都不理想。要想達到我們對這張封面的美學和價值期待，唯一的可能性就是撤掉它。

要達成艱難談判中的最終目標，就要努力促成共識。而共識不是一個扁平或單一的概念，我們需要以最終目標為方向，拆解困境，從不同面向先一步達成階段性的共識，進而最終將結果導向最大的共識。

我們拆解出來的第一個面向是：時間。

我花了很多精力瞭解到這本雜誌的主編是一位極在意藝術性的文人。我抓準時機向他表明了我們的判斷：這個封面非常特別，一定會成為一個經典。接著，我問了他一個很重要的問題：「如果我們十年以後再翻看這期封面，你還會認為加上這則廣告語是一個正確的決定嗎？」我想告訴他：這個廣告，現在看起來很重要，如果十年以後再看，我們一定會覺得不舒服，因爲它破壞了對這張經典封面的訴求。主編對此很認同，所以與雜誌團隊的共識，就透過拉長時間面向的方式達成了。

透過溝通，主編確認了我們目標的一致性，我們是爲了共同保護封面的藝術生命和價值，而不是單純站在藝人角度只考慮自己。在拆解目標的過程中，我們要理解對方的訴求和期待，而不能只按照自己的想法要求別人。

時間是一個很有用的工具。很多時候我們無法達成共識，是因爲我們都被困在了當下的這一刻，而無法用更長遠的目光看待眼前的事物。只要我們能夠跳出時間的框架，就能對自己的訴求有不同角度的認知，進而更加準確地理清當下的現狀，大多數時候，我們都會有不同的答案。要解決當下的工作分歧，拉長時間戰線，是一個非常有建設性的做法。

我們拆解出來的第二個面向是：同行的慣例。

要從根本上解決目前的難題，只得到雜誌的認可還不夠，我們最重要的是得到廣告商的同意。於是我們費了一些力氣，在能力所及的範圍內找到了一些可供借鑒的、有影響力的同水準雜誌封面，透過這些封面展現了一本優質雜誌和優質廣告所擁有的美學態度。廣告商的立場開始有些鬆動了。

橫向的比較可以為共識的達成提供一個坐標。我們通常無法立即達成共識的原因是害怕，沒有人願意做出頭鳥。有了之前的例子，溝通者就會明白，自己不是異想天開，這件事早就有人做了，這就會給對方帶來無形的安全感，而進階層面我們只需要在這個基礎上做到比別人更好。

我們拆解出的第三個面向是：解決方案。

經過反復研究，我們提出：封面外可以做一個透明的書衣，獨立存在。雜誌上市的時候，廣告詞是印在書衣上的，每一個購買雜誌的人都會看到。如果你買回家想把外面的這層取下來，就可以擁有一個乾淨的封面。廣告商看到這樣的做法既沒有影響廣告宣傳的目的，同時又可以成就一期經典的封面，自然就答應了。

解決方案的提出是達成共識的關鍵步驟。無論溝通雙方在思路和想法上有多契合，沒有具體的執行方案，一切都是空談。要達成共識，就一定要給對方能夠促成共識的可行性方案，推對方一把。解決方案的產生是之前思路到位的結果，要達到共識，就需要從最終目標出發，判斷形勢，分析局面，統籌資源，進而眞正地給出下一步的具體做法。在這個面向上，共識才能眞正落地。

一期雜誌封面上的廣告語，我們爲達成共識總計拉開了三個面向：十年後的時間、具有參考價值的同行業，以及具體可行的解決方案。這三個面向像是三個切口，一個一個地撕開，我們最終實現了所有人共同的期待。

面對當下的共識困境，我們需要拓寬思路，從多角度、多方面、多時空來拆解目標，力圖將當下不可能達成的共識拆解成一個個可以達成的小共識，而一個個小共識的累積，則會讓大共識眞正落地，成爲可能。

03

多方混戰，如何平衡局面？

一個和尙挑水喝，兩個和尙抬水喝，三個和尙沒水喝。這句古老的諺語告訴我們，溝通的參與者越多，共識的達成可能就越艱難。不妨仔細體會一下。

多方混戰是溝通中的難題，因爲通常不同的溝通陣營都會有各自的訴求，我們非常容易陷入多方的泥沼中，而且很多矛盾似乎都不可調和，以至於溝通崩潰。要掌控多方混戰中的溝通，就需要去平衡各方，在這裡，我們就來談談怎麼在多方混戰中掌控全場。具體的案例總會千差萬別，但藏在深處的邏輯總是萬變不離其宗，我就以曾經合作的一位藝人開演唱會作爲例子來具體說明。

多方混戰中的溝通可以分三步走：

第一步，我們需要梳理各方的訴求，準確地瞭解每一個溝通者背後想要的是什麼。

演唱會的運營是一個非常複雜的項目，其中涉及的方面和團隊都特別多。藝人、經紀公司、唱片公司、導演團隊、粉絲群體、媒體平台、商務品牌……不同的溝通陣營都有各自的訴求。藝人是演唱會的主體和核心，主要訴求是盡可能好地呈現自己的專業技能。導演團隊需要對內容的呈現效果負責。對於這兩方而言，他們需要不斷地對內容提出要求，最大限度保證舞台整體效果，就某種程度而言，資金、資源及觀眾越多越好。唱片公司是爲藝人的音樂事業負責的專業公司，在內容上需要平衡藝人的音樂主張和市場需求，在經營上更需要平衡成本與收入。而經紀公司則更多地代表著藝人的整體職業規畫，要爲單個項目的時間、精力、經費的投入產出比負責，更要考慮其綜合及長期的發展和權益，因此和藝人既有統一的訴求，又有各自不同的立場。粉絲是整個演唱會項目最重要的受眾，是內容傳達的接收者，也是購票人；是被服務者，同時也是更廣義上的傳播渠道，因此在各個環節的設置中都需要考慮粉絲的感受。

第二步，拆解關鍵目標，從各方訴求出發，逐一平衡。

演唱會規模是項目統籌中的一個非常關鍵的問題，選擇在哪個城市舉辦，選擇多少座位的場地，要開多少場……這與演唱會的所有參與者都有關，但大家的訴求並不是完全一致的。就藝人而言，主觀上，他肯定是希望觀眾越多越好，但是客觀上，無論是其音樂本身的風格，還是自身的體力和精力，甚至檔期的安排，都會成為制約因素。對唱片公司而言，從成本上講，一個舞台的成本是固定的，場次開得越多，單場可分攤的成本就越低。但根據檔期可選擇的場地及場次、市場整體購買率等因素，最終都會影響整場演唱會的效果，也都需要進行平衡。同時場次越多，面臨的不確定因素也就越多，尤其是對於一個藝人的首次演唱會，不確定因素很多，風險指數也會隨之上升。對粉絲而言，喜歡的藝人開演唱會，當然是希望自己能夠盡可能地參與其中，但是自身的地域限制、經濟實力、時間匹配等都會影響實際的出席。

我們可以看出，僅一個場次的問題，就涉及三方，有這麼多的訴求需要被看到、被解決。所以，當時的實際情況是，經過幾輪的溝通和考量，我們最後確定首次巡迴舉辦三場，地點分別是北京、上海、廣州。這是各方彼此妥協、彼此理解，也是彼此堅持與爭取的結果。這個決定包含了以下兩方面的權衡。首先，對於藝人所付出的彩排時間和實際可給音樂項目的檔期安排、演唱會投入實際資金與資源而言，三場可以較好地做到平衡；其次，對於市場實際的消費力和項目的影響力而言，透過集中在一線城市的首輪演出，可以調研出一個大概的實際結果，方便之後判斷是否需要開啓第二輪，日後是否可以去更多的城市，或者在同一個城市多開幾場。

這樣的場次安排看起來是一個比較完美的結果，但其實對於喜歡這個藝人的粉絲而言，也不可能做到讓所有人滿意，總有粉絲因爲時間、地點、票價等各種制約因素無法參與。因此我們又再做了兩個方面的補充：首先，我們在當時首創了VR演唱會，讓到不了現場的粉絲可以在線參與到藝人的演唱會；其次，我們升級了粉絲福利，把演唱會的參與方式升級成一個可選擇的限量體驗套餐，比如我們給粉絲布置了專屬的酒店和巴士，提前開放彩排的專屬時間……這些做法的第一要務是照顧到粉絲群體的訴求，而且客觀上，也創新了粉絲的互動方式。

第三步，我們需要精準地定位總體目標的調性，這樣各方才能在這個大的方向上明確自己的義務和收穫，進而把力氣用在同一個地方。

在演唱會運營的過程中，有非常多的問題需要協調，這也就意味著不是每個問題都能皆大歡喜。好在最後我們各方達成了一致，演唱會將作爲一個以內容傳播爲主要訴求的巨大品宣工作。如此一來，演唱會的整體收入就不是項目的最高衡量標準，我們不僅可以集中精力在保證演唱會的效果和內容上，還盡可能多地拓寬宣傳管道及合作模式，並盡量延長演唱會的影響力效能，爲之後音樂及由音樂帶動的藝人整體發展打好基礎。

共同目標的精準定位，讓我們把演唱會作爲一條長線而非單獨一個項目來做。

這樣，各方的權益和各方的條件就都可以達到一個平衡。

當然，必須承認，現實生活中並不會有一場大型的演唱會需要我們每個人都去操盤，但是所有的工作都離不開和人的溝通，也不可避免地會出現多方共存的局面。從這個角度來看，人生又何嘗不是一場大型的演唱會，協調各方，平衡全域，找到最適合自己的定位，唱出自己的那一首歌。

多方混戰是溝通中的常態，不論是在家庭中，還是在職場上。以上所說到的三步能夠幫助我們在混亂中找到線索，我們需要謹記：**背後的訴求是起點，各方的平衡要透過拆解關鍵目標達成，而最終的合力則需要主基調的搭建。**

這樣，無論多少個和尚，都會有水喝了。

04

我們是一邊的

有一次，我在微信上透過了一個好友請求，對方表示是從我的一位親戚處得到了我的微信號，且已經答應他可以幫忙安排和一個藝人見面。這個情況並不好處理：如果直接回絕，親戚的面子會受到很大傷害；如果按照他的請求操作，又違背了我的專業。

面對當時的情況，我的做法就是禮貌並且直接地回絕對方：「非常抱歉，我這邊安排不了，請見諒。」關於直接在溝通中的重要性，我們之前已經做過了非常詳細的論述，在這裡就不再贅述了。這件事情的重點在於我拒絕了這位朋友的請求之後，我和親戚之間的溝通。

顯然，在這件事情上，我需要建立的是

和家人之間的共識。換位想想看，家裡的晚輩有這方面的資源，自己拿來用一用，是人之常情。但從我的角度出發，這件事情沒有這麼簡單。和家人之間的溝通有時候是最需要分寸的，如果我們僅僅是抱怨或者責怪，肯定會傷害家人之間的感情。如果不說，這樣的麻煩勢必會越來越多，無形中給工作帶來很大困擾和影響。仔細思考之後，我認為問題的關鍵是要和家人達成一個共識：我們是一邊的。

我先禮貌地詢問親戚：「如果以後您要把我的微信推給別人，能不能先和我商量一下？」緊接著，我告訴親戚：「這個請求違背了我的專業度，所以安排不了。我們之後能不能約定個默契，提前商量好怎麼處理，這樣既不會傷到您的面子，又可以比較好地處理這件事情。」親戚在聽完我的這番話之後，立馬就表示了理解。

我們是一邊的，這是一個既理性又感性的共識。感性上，它能讓溝通的雙方在情感上產生共鳴，彼此能夠相互依靠和協助。理性上，它能夠讓我們從彼此共同的利益點出發，為解決問題努力尋求最優的方案。

讓溝通的雙方都明確地知道我們是一邊的，就能將溝通當中的多方轉換成簡單的兩方：我們和他們。以此為起點來進行溝通，常常能夠將複雜的問題簡化，進而爲達成訴求提供更便捷的路徑。

再舉一個例子。有一次，我們的一個藝人正在拍攝一則廣告，拍攝團隊對藝人在片中呈現出的表情精準度有著近乎偏執的高要求，這讓藝人在將近二十場的拍攝之後還一直處在NG（NOT GOOD，即再來一次）狀態。眼看拍攝的時長馬上就要超出預期，兩方的狀態都跌到了谷底。一方面，藝人不明白爲什麼自己的表情管理總是達不到對方的要求，並且身體已經陷入了極度的疲憊，再拍下去似乎只會越來越差。另一方面，拍攝團隊始終找不到他們想要的感覺，想在不斷重複中拍攝出理想的成片，這是一個非常膠著的場面。我們作爲中間的溝通者，有兩個亟待解決的訴求：一、平衡雙方的心態，讓拍攝的過程不至於陷入僵局；二、讓拍攝能夠在最短時間內完成，藝人可以早點休息，拍攝團隊也能拿到他們想要的成果。

這個時候，「我們是一邊的」就能派上最大的用場。對於藝人，我們不僅要在情感上安撫，並且要讓他明白我們是可以信賴、可以依靠的，這件事情會由我們「自家人」出面去協調和解決，一定會爲他爭取到最快最好的解決方法。對於拍攝團隊，我們需要和他們達成一個共識，那就是我們希望和他們一起把這個片子拍好，我們會不斷確認對方的需求，並且讓對方知道拍攝如果超期會遇到的問題。

最後，我們所爭取到的是一個具體的拍攝數字：三場。不過拍攝的前提是，無論最終是否達到拍攝團隊的要求，這次的拍攝都必須結束。藝人在知道了拍攝的上限之後調動了最大的努力來配合，而拍攝團隊也在確認了自身的訴求和面對不能超時的壓力之下拿到了自己想要的片子。

要強調的是，這種溝通方式常常會被誤解爲拉幫結派，或者陽奉陰違的表裡不一行爲。如果你要用「我們是一邊的」去損害某一方的利益，或者欺騙某一方，那就不是我們在這裡鼓勵的共識。我們所倡導的是用這樣的共識去構建一個目標和利益的共同體，在這個共同體中，每個人的利益都能夠得到最大化的實現，同時，不會有哪一方的利益會在這個共同體中被忽視，甚至犧牲。

「我們是一邊的」是溝通者一起搭建的一個共同出發的起點。只有溝通的各方都能夠穩穩地將下一步的舉動立足於共同的根基之上，所有的舉措才能擁有最大的合力。

05

不是「都是為你好」，而是「都是為我們好」

「那你直接開除我吧！」

這句話聽起來是不是很刺激？它發生在之前我和一個員工的對話當中。不得不說，那一場談話的目的確實是讓這個員工能夠意識到她已經不適合我的團隊，是一場離職談話。但是我非常不喜歡「開除」這個詞，因爲這個詞體現的是一種單方面的價值碾軋。就好像公司是一個有標準設置的機器，而員工只要脫軌或者不符合一些要求就會被清理出去，這和我一直強調的「以人爲本」的基本理念是背道而馳的。

每一場離職都會有非常具體的原因，對我而言，也一定會有一些必須作爲底線的共通性的價值觀因素。比如在團隊合作中，是強調自己的付出更多還是整體工作的結果更多，這一點非常重要。因爲很多時候我們都處於團隊合作的狀態，是共同的戰友，如果只強調自己而忽視對全域的配合，眼睜睜看著問題出現，這是堅決不可以接受的。再比如當問題出現的時候，是否可以及時做好反思和檢討，而不是急於把問題推到別人身上。工作中的錯誤不可避免，可怕的也不是犯錯，而是錯誤背後折射出的一個人的心態。

無論如何，離職談話都屬於職場溝通中的艱難部分。我脾氣不好，但我總是希望能夠透過溝通讓員工自己意識到離開團隊的理由，而不是大手一揮，讓他們收拾東西走人。這不是僞善，而是我認爲好的溝通應該幫助他人解決問題，而不是製造問題。離職談話多了，我自己總結了一套可行的方法。

第一步，我會和他一起來分析目前的情況。我會讓他自己選擇我的語氣，到底是溫柔委婉一些，還是直接尖銳一些，這一點，我們在之前預期管理的部分已經討論過。內容方面，我會讓他對目前自身的工作做一些總結。

第二步，我會幫他找尋人生的目標，拉開時間的面向，幫他梳理出人生目標。這樣的目標定位能幫助他更加準確地分析面臨的狀況，現在的工作及現在的狀態到底和他的人生目標之間是什麼關係。是同一方向，還是背道而馳？

第三步，我希望和對方達成一些基本的共識，比如時間管理、價值排序、人生意義這樣大的方向。我會提醒對方應該節約時間，調整工作內容，否則對大家而言都是一種消耗。繼續這樣下去，團隊會因爲他而無法順暢地完成任務，而他也會距離自己的人生目標越來越遠。

第四步，我會給出我的建議。經過前三個步驟，我們之間的結論會很清晰，甚至這個結論都不需要我提出來。我會直接給對方建議：「你現在應該去換工作。如果你自己做不了這個決定的話，我就替你做這個決定。」因爲透過我們共同的梳理和分析，這個決定對雙方在當下階段都是一個最好的選擇。

當然，這四步不是一個程式化的流程，不是說按著這個步驟走就一定會有一個體面且高效的勸退談話，不同的溝通對象會使得一場坦誠交流呈現出截然不同的效果。這四步中所包含的關於共識的思考是我想拿出來討論的內容。

我們在談話中，常常會從自己的角度出發，單純地給出自己的意見，然後理所當然地認爲這樣的意見對溝通對象也是更好的選項，強迫對方去做出我們所建議的選擇。公司要勸退一個人，常常會說：「都是爲你好，現在的決定會更適合你今後的發展。」家長要你穿衛生褲，就會說：「都是爲你好，如果不穿衛生褲你就會感冒，影響工作和學習。」情侶要分手，其中一個人會說：「都是爲你好，這樣下去我們不會有好的結局。」

面對「都是爲你好」，我們最常問的一個問題就是：「你怎麼知道什麼是爲我好呢？」這有點像「子非魚，安知魚之樂」的困局。一個人是永遠都無法完全瞭解另一個人的處境和想法的，每個人之間總會存在認知、感受、表達等間隙，而且不可能被「都是爲你好」填滿。

我們永遠都無法從單一一方的立場和判斷中找到共識的所在，向來都是要從雙方共同提供的內容和立場中找到共識，因爲形成共識的基礎來自兩個人共同的坦誠、共同的思考和共同的表達。這就決定了在溝通過程中，需要雙方都參與其中，而不是一廂情願地炫耀自己的理解能力和冒犯別人的意願。

只有當雙方都發現共識的結果是一種共存和雙贏時，才會更加自信和踏實地繼續共同前行，因爲雙方都知道選擇合作是更好的出路。也只有當雙方都清楚地認知到共識的結果是一種差距和裂痕的時候，才會心甘情願地分開，因爲離開才是更好的結果。

「都是爲你好」是一種缺乏共識的認知偏差。一個人能相信這樣的思維方式，甚至運用這樣的說法來進行溝通，就說明他還不知道共識的意義。**眞正的共識一定是雙方互動溝通之後的結果，也就是說，起點和終點是雙方都同意的，因而達成的不是「都是爲你好」，而是「都是爲我們好」**。

06

共識，是一種相互的淘汰

我們說了很多人際溝通中的共識，認識到了共識這個概念的強大力量。在這裡，我想聊一下在大眾傳播領域中作爲心理機制的共識。

先從我的碩士畢業論文說起，我的選題內容中的一個要素是討論偶像。從人類發展史的角度，研究人類爲什麼需要偶像以及什麼是偶像的影響力。爲了寫好論文，我做了很多相關方面的閱讀和研究，一個很大的收獲是推翻了自己曾經非常篤定的一個結論。

以前我們團隊有一個口號：影響影響力。我們認爲，作爲偶像的明星藝人是可以去影響自己的粉絲，進而改變他們的價值觀和行爲方法論的。如果偶像的品行端正，那麼粉絲也會受到正向影響。隨著研究的深入，我發現之前的這個想法有些太過於一廂情願了。

現實會複雜得多。

不同的群體會有不同的偶像選擇，而且這種選擇上的不同在互聯網時代會越來越細分、越來越深。一個粉絲喜歡一個偶像，心態大致可以被歸納爲兩種：一個是我想占有你，或者是我要成爲你。不管是哪一種，前提都是他認同了這個偶像，彼此的底層邏輯是一致的。講直接一點，偶像對粉絲能夠傳遞影響力，是因爲粉絲認爲偶像和他是一樣的人。在這個基礎上，粉絲會覺得偶像做的事情是對的，因此會有模仿和學習的可能。如果偶像做的事情背離了這個底層邏輯盤，那麼粉絲就很有可能離開。

單點的個人是這樣，如果我們把偶像和粉絲都看成群體，這個結果只會是更加肯定。偶像個體去改變粉絲群體的想法是單點達成的事情，不可能在群體上實現。如果我們用共識去理解，那就是在行爲上，可以達成某種程度上的共識，但是深層的共識很難從偶像這個層面去轉化和改變。粉絲對偶像的熱愛更多的是建立在自己的想像空間上，當完美的想像和現實相遇，幻象的泡沫就會破滅，這樣的粉轉路甚至粉轉黑的行爲並不少見。

這同時也解釋了偶像轉型的本質，轉型就是一次基於共識的粉絲洗牌。因爲偶像原先的風格而喜歡他的粉絲可能會因爲轉型而選擇離開，反過來說，轉型的目的也是爲了吸引新的受眾，而這種吸引的基礎也是建立在新風格的共識上。舉一個很簡單的例子，一些女藝人從青春美少女轉型爲熱辣的性感風，原本的粉絲會因爲這個轉型而選擇再也不喜歡她，但新的粉絲會因爲新的風格而加入陣營。這是一個互相淘汰的過程。

理解了這一點，我就會意識到：影響影響力可能存在誤區。它建立在我自己對這個世界美好想像的基礎上，但並不是一個實際可行的事情。我們可以在某種程度上影響藝人、影響客戶，但想透過影響力而影響大眾這件事，是要打問號的。用自己的發現去打自己的臉，這不但不丟臉，反倒是一件令人開心的事。因爲它讓我在之後去理解和運用共識的時候，更加具備自信和底氣。

現在我開始做大尺碼女裝，我有兩個選擇，賣那些大尺碼女孩一定會穿但在我眼裡不好看的衣服，或者賣那些我覺得好看但很多人沒有嘗試過的衣服。這世界上已經有很多供大尺碼女孩「穿得下」的衣服——要不是黑色的，就是衛衣，把自己藏起來，讓大家看不到。當大尺碼女孩想要浪漫，想要性感，甚至想要色彩繽紛一點時，選擇卻很少。於是，我選了後者，那些需要被解釋甚至被推動的產品。

本質上，這是一個社會痛點，大尺碼女孩應該怎樣透過穿搭表達自己？大尺碼女孩可以穿鮮豔的衣服嗎？可以穿性感的衣服嗎？會被攻擊嗎？面對攻擊怎麼辦？其實這是一個共識問題。我的大尺碼女裝設計甚至受到一些大尺碼女孩的質疑，她們認爲有些款式不實用，性感或鮮豔並不是她們的需求。

從共識的角度上來說，她們在質疑我們的態度，其實我也在挑戰她們。我認爲用戶在選擇產品的同時，產品也在選擇用戶。產品其實就是一個介質，我很清楚我的衣服將去向何處：我並不想賣給那些只想把自己藏起來的人，而是想賣給那些想把自己展示出來的人。

關於我的品牌，有句話很重要：把自己當回事。我就是要找到那些把自己當回事的人，因爲只有當你有這樣的態度時，你才會明白這裡的女裝和其他女裝是一樣的，它也需要講究設計，講究面料，講究工藝。只有你在乎，我所追求的價值才有意義。產品，就是我們關於消費、關於美、關於自我的共識。

我不會去說服一個用戶做她不想做的事情，但我會提供她嘗試的方案和可能性。這個共識的過程會讓一些人不接受我們的產品，對她們來講我們是被淘汰的品牌。沒關係，她們，也是被我們淘汰的用戶。**共識的過程，其實也是個互相淘汰的過程。**

在直播間帶貨的時候，我會鼓勵大家嘗試一些沒有用過的產品，體驗新的消費方式和生活方式，但不會強行「洗腦」。我不會說我倡導的這種風格是對的，是美的，是你必須擁有的。對於有些人來講，她此生都不會穿這樣的衣服，她永遠不會去嘗試這種可能性。我們彼此之間沒有共識的基礎。

共識，不僅是在人際溝通中找到可以繼續往下走的共同點，同時，它也是一個非常基本的心理機制。我們每個人都有自己堅信不疑的東西，要挑戰這些底層的共識，往往不是一次小修小補能夠撼動的，而是需要一場觀念的地震。

共識，廣義來說，是一種相互的淘汰，同時，它又是一次相互的挑選。明白了這一點，我們就會非常坦然：離開的人注定會離開，而會回來的人也一定會再相逢。

小作業

回憶上一次或者當下正在醞釀的辭職，拆解原因，找出與公司的共識，做出正確選擇。

6

找到你自己

01

只有感受，不叫成長

每天晚上睡覺前，我都會把手機上所有的聊天紀錄重新翻看一遍，檢查是否有遺漏的資訊和工作，更重要的是我希望用這種方式和自己進行一場溝通，檢討自己的一天：今天說過的話是否合適或者準確？今天都做了哪些決定，爲什麼要這麼做？自己對當時的決策是否滿意，是情緒猛然占了上風，還是經過了理性且客觀的分析？如果換一個思路，會不會有全然不同的結果？今天發生的所有事是否會後悔或遺憾？如果有機會可以重來，是否還會做出同樣的抉擇？

假如我發現今天封鎖了一個人，一定會問自己到底是被情緒支配，還是背後有什麼其他的決策邏輯。這一點，一定要梳理出來。如果只是當下的氣憤，且我也在乎這個人，就會把他加回來：「對不起，我當時可能情緒衝動了。」如果發現我原本就不想和這個人成爲朋友，就會坦然面對，沒必要再自我糾結。

通常在意義上我們談自我溝通，表達只是溝通的一個方面，更重要的是需要持續不斷地關照自我的情緒和想法，並透過這種日常的檢討不斷累積，讓自己擁有一個與自我對話的管道，進而養成與自我溝通的習慣。

經過碰撞，我們才瞭解自己是誰。這是我一直強調的一個觀點。它其實還有下半句：不是碰撞就結束了，而是碰撞之後還要思考。撞完之後，可能會有兩種情況，一種是你清楚地知道自己受不了，知道自己疼在哪裡，在哪裡摔倒的，下次該如何避免；另一種是碰撞讓你發現了新的機會，認識到了自己耐受力的臨界點，下次還可以更勇敢地去撞出新的火花。

透過這樣的自我溝通和自我審視，可以判斷出兩條不同的行動線。第一條行動線是進攻，你可以去做很多事情，跟很多人交往，談戀愛也好，努力工作也好，甚至有時候會去挑戰你的上司，挑戰很多你以前從未做過甚至從未想過的事情。而另一條行動線叫作反思，你會總結自己不對的地方、不應該再犯的錯誤，以及不可以再重演的傷害。

在自我溝通的過程中，我們需要明白一個非常重要的道理：只有感受，人是不會成長的。因爲當下的感受一定是清晰和明確的，如果只是知道我舒服了、我爽了、我疼了，然後就沒有然後了，那這一切就都沒有價值。

成長需要一系列完整的步驟：你經歷過疼痛，進而知道了背後的原因，也知道了什麼才是自己眞正想要的，最後明白了在想要和得到中間需要如何做到。缺少了任何一步，都不是眞正的成長。現實情況往往是，首先，大部分人可能連去碰撞的勇氣都沒有。其次，碰撞完了，太多人就停留在了原地，沒能好好地感受。最後，即使碰撞了、感受了，也還有很多人意識不到要理性地去分析。

關於自我溝通，我一直還有一個比較重要的觀點：**一個人是什麼樣的人，是由他選擇的結果決定的**，**不是由他的初心決定的**。我們都太過善於表達：我是這樣的人，我是那樣的人，但「這樣的人」和「那樣的人」往往做出了截然不同的事情。相比語言，只有在關鍵時刻的關鍵決策，才能眞正表達你的樣子。這是個非常有趣的規律。往往在遇到重大挫折或者產生激烈情緒的時候，我們才會加深這種思考。因爲人只有在極端情況下，才眞正知道自己爲什麼會這樣做。

我們每個人都會對自己做很多本能的修飾，一方面是修飾給別人看的，另一方面是修飾給自己看的。很多心理測試都得出過一個相近的結果：在別人眼中的自己和在自己眼中的自己永遠存在巨大落差，幾乎無法達成一致。與此同時，當我們進一步打開各個面向，你眼中的自己和眞實的自己、別人眼中的你和眞實的你、別人眼中眞實的你和你眼中眞實的自己，這幾個面向之間，全部存在著巨大鴻溝。

自我溝通，就是慢慢找到這些鴻溝中的一致性。

每天抽出一點時間，透過自己喜歡的方式，和自己對話，就像看一場以自己爲主角的電影。溫柔地，或者尖銳地問自己一些必須坦然回答的問題，不要欺騙自己。然後，努力地去碰撞，在碰撞中反思，不斷地接近最眞實的自我。

只有當我們從自我開始溝通，溝通才眞正擁有意義。

02

我想要成功的人生，還是開心的人生？

有一次，我以導師的身分去參加一個女團選秀節目的錄製，一個女孩講述了自己的困境。她說自己常常會面臨一種兩難的選擇，一邊是不想做而又不得不去做的事，一邊是想做卻沒有時間、沒有精力做的事。她問我該怎麼辦，我反問了她一個問題：

「你想選擇的是開心的人生，還是成功的人生？」

自我溝通是與自我對話的過程中一個非常重要的課題，因爲這個課題會把我們逼向極致，我不止一次說過，只有透過極端的選項，我們才會意識到什麼對自己最重要。從字面上看，成功和開心二選一，如果選成功，那你就應該把那些可以通向成功的事情做好，即使不情願，也要不斷自我說服、自我激勵地去完成。因爲在成功面前，情緒有時候會扯你的後腿。如果你要的是開心，你就應該努力地任性，不做那些不想做的事情，不去交往那些不想交往的人，讓自己的心情成爲判斷所有決定的唯一標準。

但，事實眞的是這樣嗎？

當然不是。如果我們陷入了字面的二元對立當中，認爲開心和成功就是魚和熊掌，不可兼得，或者我們以爲成功和開心之間涇渭分明，那就是沒有弄懂這個問題眞正的意義。你想要成功的人生還是開心的人生，這不是選擇題，而是綜合判斷題，是可以好好寫一篇分析文章的。在我的成長經歷中，我不斷地被別人問及這個問題，同時也不停地問自己：要開心，還是要成功？我現在的答案是：

「我想要開心的人生，但是成功使我開心。」

先別急著翻白眼，覺得我狡猾。讓我好好拆解一下這個題目，你會發現這其中有三件非常重要的事：

第一，這個問題要求我們必須認眞思考開心和成功到底是什麼。開心沒有什麼好說的，成功好像更沒有什麼好說的了。這是一個用拚命奔跑定義成功的時代，卻有那麼多人捧著別人給出的標準答案，喝著雞湯，保持亢奮過自己的人生。

每個人的成功都是靠自己去定義的，財富的積累一定是一個方面，但也一定不是全部。對我而言，如果不能創造價値，就不是成功，因爲屬於我開心的人生的前提是成功，成功才會讓我開心，失敗一定不會。那麼問題來了，一個人要創造價値，就一定得去做一些不想做的事情，因爲我創造價値是爲了擁有開心的人生，而爲了這個目標我不得不做那些爲了成功才會做的事。聽起來會有一些矛盾，卻是個很有趣的邏輯。因爲這個題目的關鍵是：**沒有邏輯是絕對的，絕對沒有絕對。**

第二，我們需要理清自己的人生燃點。你可以靠做什麼而成功？你可以因爲做什麼而開心？開心和成功一定是方向不同的兩個終點，永遠無法同時到達嗎？不得不說，我比較幸運，因爲我的人生燃點就是我的工作。換個思路，如果我的人生燃點是談戀愛，我就去勇敢地戀愛；如果賺錢是讓我開心的方式，我就去努力賺錢。這一切都只是手段，它都是爲了滿足我想要一份開心人生的初心。我肯定也想過一個開心的人生，這點毋庸置疑。只不過讓我開心的方式是比較受虐的，在別人看來是痛苦的。**而你要去找到的，也不是那些令別人開心或成功的理由，一定是屬於你自己的人生燃點。**

第三，我始終覺得開心這種情緒是一個相對的概念，是你克服了不開心才會獲得的一種狀態。如果每件事情都隨心所欲、肆意妄爲，那麼開心就會變成空虛。這是一個精神層面的對立，你的自律和你的自由，永遠是一體兩面的，只有透過自律和節制得到的自由，在擁有的那一刻才是眞正的享受。

我想問大家一個簡單的問題：如果現在給你一年的假期和數不清的錢，條件是你只能玩，你會開心嗎？我不知道你的答案，我的答案一定是不會。我眞的見過太多所謂財富自由的人，每天在找事情做，因爲他們已經經歷了第一階段的滿足和幸福，就會覺得我還能幹嘛呢？我必須找到下一個眞正要做的事情，否則很難眞正地開心。

我的三段論到這裡就告一段落了，最後再重複一下這個問題的要點：第一，成功需要被你自己重新定義。第二，你的人生燃點能否和你的人生快感結合起來？第三，開心眞的是肆意妄爲、無所顧忌嗎？

最後，再問一問自己：「我想要開心的人生，還是成功的人生？」

03

我和自己的優點，熟嗎？

沒有人可以做到完全認識自己，優點、缺點都潛藏在我們的軀體和意識之下，只有不斷地進行自我挖掘，才能在內心深處抵達更加眞實的自己。

找到自己的優點，是挖掘過程中非常重要的部分。我一直相信短板理論是被過分強調了的，因爲在今天這個世界，找到自己的長處，並把它應用到最合適的位置顯然更爲重要。**任何一份工作需要的都是你的獨特性，不可取代性才是眞正的競爭力，什麼都會卻什麼都一般，是最容易被淘汰的。**

我們應該如何認識、展現和運用自己的優點呢？換言之，你和自己的優點，熟嗎？

一、給自己的優點做個定位

有一次，一個男孩來公司面試。他一進門，還沒說話，我就已經鎖定了他一個非常明顯的優勢：帥。皮膚白皙，雙目有神，鼻子高挺，五官俊朗，外加一八五公分的身高。面試十五分鐘後，我問出了那個我幾乎每次都會在這個時間點上問出的問題：「你覺得自己最大的優點是什麼？」

之所以會在面試開始後十五分鐘左右問出這個問題，是因爲我自己也需要這樣一段時間來預判，透過之前的溝通，我通常會對面試者有一個大體的認知，並對他擅長的事物有初步的瞭解。當對方做出回答之後，我會將他的答案與我自己的預判做一個比較。很遺憾，這個男生沒有在面試的前十五分鐘裡向我展示出其他任何方面的優點，交流能力、抗壓能力、協調能力、危機處理的能力等，各方面都表現平平。

針對我的提問，男孩丟出了兩個字：「勤奮。」最終，我沒有錄用他。

不要誤會，我並不是輕視勤奮的價値，相反，我認爲勤奮可以說是任何一份工作都必須具備的一項基本特質。但這不是一個在面試過程中透過語言表達能夠展現的優勢，也就是說，這個優點無法論證，且這個男孩最大的問題是缺乏明確認識自身優勢的能力，或者說知道了但不敢承認，而這折射出的恰恰是他對自身的不瞭解以及自我溝通的缺乏。在自我成長的過程中，外貌在不同的工作面向和分類領域中同樣是一項非常核心的競爭力，知道自己具備這個天賦並給予重視很重要。所有的特質都沒有對錯之分，關鍵在如何運用，所以這場面試的結果，以及這個男孩給我的印象就是不清醒，或者說不眞誠。

二、幫自己的優點講個故事

有一個女孩用講故事的方式呈現出自己的優點，讓我印象很深。當時我們想招募一個統籌，女孩在回答自己優點的時候，講了這樣一個故事：

當時她所在的團隊在國外拍攝一檔紀錄片，她是國際製片，負責統籌協調。整個拍攝行程非常緊湊，需要大家在A地完成之後立刻趕往B地，爲了節省時間，拍攝對象所在的公司特意安排了小型直升機作爲交通工具。不料，在去往A地的路上遇到了強氣流，直升機一直無法降落。而且，團隊裡只有她可以熟練地用英文進行溝通。面對當時的飛行狀況和接下來的日程安排，她做出了如下操作。第一，向飛行員詢問當時的情況及接下來有可能會採取的方案，是必須原路返回還是可以改路去往別處。第二，和A地負責人聯繫，告知對方當時遇到的情況，並重新預定拍攝時間。第三，聯繫B地告知拍攝計畫有可能會提前，並請對方保持資訊通暢，隨時做好接應的準備。

最後經過飛行員的嘗試和確認，一行人改變行動路線趕往B地，而等他們安全降落的時候，兩地的拍攝時間已經妥善對調，不會對整個拍攝行程造成任何耽擱和影響。同時她也在解決方案確定的第一時間和國內的總製片人同步了資訊，並請對方放心。

我們錄用了這個女孩，因爲她的故事打動了我。如果這個女孩只是表達自己的「有預見性」和「協調能力」，那麼這些詞和上面說的「勤奮」一樣，是沒有溫度的。而她透過一個故事及其中的種種細節，讓我對她的優點有了非常明確的感受和瞭解。

如果說優點的定位需要一種內在的自我溝通，那麼優點的表達則需要不斷外化的人際交流。與自己對話，只要夠深，自己就能懂。如果想讓別人明白你的優點，就需要在表達方式上下一些功夫。講故事不失爲明智的選擇。

三、讓優點變成優勢

如何幫優點找到最匹配的位置，這個問題關乎自我價值和自我實現。要知道，**我們的優點是不會自動轉化成優勢的，它往往需要一個強鏈接。**

比如我要面試一個時尚部的同事，我第一時間就會看對方的穿搭，因爲要承擔造型類的工作，穿搭就是他的專業技能，而展現他專業技能最好的方式就是他自己本身的穿搭。同時我會讓他評價我的穿著搭配，看他是否會準確地表達自己的專業見解。或者我會直接問他是否認識我的衣服品牌。再或者，我會詢問他當季的流行。這些相應的方法，都是在幫助我考察對方是否會把自己的優勢運用到工作當中。

另一個需要注意的是認知和操作失調的問題。比如我經常遇到有些人說自己審美能力好，必須承認這是一個非常強的能力，有著非常大的價值，但優秀的審美能力該如何運用到自己的工作中呢？因爲審美能力這枚硬幣的另一面代表著高標準和嚴格要求，以及不輕易妥協。如果這其中沒有強大的執行力相隨，很有可能就會什麼都看不上，項目推進艱難。當有人跟我說他審美能力好的時候，我一定會追問：「你的執行能力怎麼樣？當你的審美能力跟一個很具體的結果發生衝突時，你會如何處理？」

要知道，溝通能力的提升能幫我們找到更深的優點，更生動地表達優點，最後的結果一定是爲了讓優點轉化，發揮它的價值。

最後再說一個小細節，每當我問出「你有什麼優點？」這個問題的時候，我都會留意對方做出回答的快慢。我發現，能夠很快說出自己優點，或者一下子就能說出好幾個優點的人，通常都具備更強的感染力。因爲自我認同是一種良好的自我溝通的必然結果，這會給人帶來自信，也會給周圍的人帶來能量。

沒有人會拒絕生命中熱乎乎的生機勃勃。

04

不要妄圖去改變所有人的刻板印象

很長一段時間裡，我經常被人認爲是一個心機很重、手段很多的人。我也曾因此而感到苦惱，自認爲這麼多年與人溝通交流始終秉承著眞誠的重要原則，思考許久後，才漸漸明白，心機重、手段多其實更多源自大家對我所從事工作的刻板印象，這其實是屬於關鍵資訊的抓取問題。我不可能做到和每一個對我有意見的人朝夕相處，當然也沒有這樣的意願。衆所周知，有時候議論和詆毀源自一種無差別的惡意，但這樣的出發點不是這裡要討論的範疇，我想討論的是那些並沒有惡意但依舊人云亦云的人。他們爲什麼在不瞭解我們的情況下也會有如此判斷？這是我關心的溝通問題。

有一個邏輯是成立的，通常意義上，如果大家聽說了關於一個人的一些評論，然後又知道這個人完成了很多人都做不成的事，就會有一個刻板印象冒出來：有這樣的成果，必然就會有這樣的手段，也就一定會有這樣的心機。這個邏輯看起來天衣無縫、暢通無阻，同時也說明了刻板印象的形成緣由：我們一方面喜歡給人貼標籤，喜歡看標籤；另一方面又沒有機會去提取關鍵資訊，何況還有趨同的壓力。於是，刻板印象就產生了。我也就在不少人眼中變成了那個連我自己都不認識的人，而像這樣被「重新定義」的人，從來都不止我一個。

刻板印象是在溝通中會遇到的常見問題，我們幾乎每天都要和它打交道。小到出門買份早點，大到談成一筆大額的生意。面對刻板印象，我自己總結了兩點心得：

第一，被誤會，是一種常態。

第二，不要妄圖去改變大家的刻板印象，這不太可能。

誰都有年輕氣盛、血氣方剛的時候，以爲憑自己一己之力，就可以對抗全世界。我也一樣。我曾經也因爲刻板印象的不公到處解釋，大聲發聲，最終往往都只是造成了反效果。原因很簡單，別人只會越覺得你不夠坦然，一旦有了這個先入爲主的印象，所有的誤解就都變成了你想要去隱藏的東西。**欲蓋彌彰，永遠是好奇心和獵奇心的馬達**。

如果你仔細地去研究一個藝人或者他的公司是如何被罵的，就會發現一個很神奇的現象：不是眞的有人想罵你，而是總有人想罵人。被罵的詞幾乎一模一樣，只是具體的被罵對象發生了改變。所有的表達方式、語言邏輯和思考邏輯都是一樣的，一旦你把這種刻板印象想像成只是自己的遭遇，把這裡面的「自己」無限放大，必然就會格外難過和傷心。

坦然地去接受這些刻板印象，是讓你明白，不是這個世界在針對你，而是每個人在溝通當中都會遇到這種困境，你自己又何嘗不會以刻板印象來看待他人呢？**刻板印象不是哪一個人的狹窄，而是人類語言系統裡的必然**。

我說過，只有感受，不叫成長。放在這裡是，只有面對，不叫回應。上面說到的兩條能讓我們有一個更好的心態，接下來的這兩步則是讓我們行動起來。不就是刻板印象嘛，怕它?!

解決方式：態度上不在乎，行動上用事實碾軋。

總會有人告訴我們，要想不被誤會，就應該將關鍵信息做最準確的表達。也會有人告訴我們，要去做動態的管理，人都是會變化的，人永遠是處在流動中的，只要及時更換自己的關鍵信息，就能減少單方面的印象。原則上這兩個辦法都是有效的，但你需要判斷自己是否眞的願意也能花足夠的時間和精力去實踐。道阻且長，更何況這是否眞的是你想走的道？

面對刻板印象，我的建議是：首先要不在意，然後用結果去超越這種不在意。

我不在意別人怎麼看，但不是把頭一轉，把耳朵一捂，而是要去具體分析。我重視有用的意見和眞誠的建議，但刻板印象就是刻板的，它並不是對你的印象，而是把一種印象強行加在你身上。在我理解了所有資訊之後，我發現自己不能消耗情緒去抵抗這些刻板印象，而是應該把時間和精力花在眞正做事情上。對我而言，我不會讓這件事情的議論影響到我的工作。如果對有些人來說，這樣的議論會影響到他的生活品質或工作結果，那就需要很小心了。

溝通中有兩個認知的方向，一個方向是把自己放進去，不管是人群還是觀點；

而另一個方向是把自己抽出來。在刻板印象這件事情上，我主張先把自己抽出來，因爲大眾心理是永遠不會被調和的，它不可能被認知統一，如果我們要把自己的情緒點或者價値期待放在一個大眾觀點上面，我們都會被累死。

當然僅僅告訴人別在意，是沒有意義的。因爲很多人就是會忍不住，這是由性格決定的。而我這裡所強調的「不在意」是一個結構問題，如果心態上做不到不在意，就需要把注意力轉移到事情上，畢竟在意結果比在意人言更重要。

回到開頭對我的刻板印象上，如果我和對方能有足夠的接觸和溝通，那麼，心機重的刻板印象常常會不攻自破。如果我沒有和對方接觸的機會，他依舊可以保留這樣的想法，我不介意。最終，在對方的認知中同樣也會有我做出的成績，這一點雖然我也並不在意，但起碼事實會讓對方知道，透過主觀努力而造就的客觀成就是不會騙人的。

不在意不重要，但是用結果超越了不在意，這很重要。

05

放棄型人格：不是100%，就是0

我曾經在很多場合說過自己是放棄型人格。所謂放棄型人格，就是我會在人生的每個階段確定一個清晰的價值排序，並且按照最核心的目標嚴格地界定所有的事物，一旦發現這件事情並不能促成目標的最終達成，我就會果斷放棄。

我們往往會在自我溝通中形成很多矛盾，這導致經常有年輕人問我：「天真姐，我現在應該怎麼選？」「天真姐，我應該放棄嗎？」「天真姐，這兩個東西我都想要，真的不可以同時選擇嗎？」……

我們不得不承認，現實不是完美的模擬環境，在工作和生活中，有的事我喜歡但我不適合，有的事很好玩卻沒什麼實用性，有的事我很想抵抗卻又受不住誘惑，有很多伴隨時效性的選擇逼迫你盡快做出判斷。你選這個，就選不上那個；你現在選了，以後就沒法更換；你逃避不做選擇，最後可能什麼都沒有。

如果目標足夠清晰，我們就知道哪些欲望和喜樂，哪些不捨和糾結，都是目標達成的干擾項，堅定地在人生裡只爲自己的最大目標服務，這些困惑和矛盾都將簡單起來。其實放棄是很多人最終的選擇，人終究不會選擇傷害自己的事情，但是每個人認清眞相的過程需要花的時間不同，放棄型人格就比較容易做出判斷。

這是我的基本世界觀和行爲方法論，說起來簡單，做起來卻並不容易。

二〇二〇年，我決定離開經紀人的崗位。在做出這個決定之後，我在很短時間內就和所有原本由我負責的藝人完成了解約，這裡面有我主動解約的，也有藝人主動解約的。當時的「解約風波」還引起了不小的轟動。關心我的朋友會擔心我的狀態，看熱鬧的路人會好奇其中的八卦，不懷好意的人甚至會幸災樂禍：「楊天眞出事了吧。」更有「我被踢出了公司」等傳言，甚囂塵上。

因爲我不做經紀人了，那一刻，作爲放棄型人格的我已經改變了人生目標。

而當我的人生目標不再是做一個經紀人的時候，我就不能做到全力以赴和全情投入地爲藝人付出了。經紀人跟藝人合作的關係，本質上就是共創一個對藝人更好的結果，當我發覺自己不再能夠投入全部時間和精力的時候，我就不應該把別人再留下來，這是我比較清晰的價值判斷。

對於這個決定，大多數人理解不了。他們不明白爲什麼我要如此決絕地放棄手上那麼好的牌。慢慢地退出，這些資源還可以不斷爲我帶來各種各樣的利處。但我甘心承擔這些有形和無形的損失：實際的經濟利益上的損失，社會評價的損失，一些解約藝人對我的看法……沒關係，既然選擇了放棄型人格，既然決定了只能向著確定目標全力以赴，所有後果我都可以承受。

不是百分之百，就是零。我們最應該做的就是在應該付出的時候百分之百投入，這樣我們才能擁有極致的百分之百的收穫。

在自我溝通的過程中，我們要努力學會在恰當的時機清空自己。王爾德說：「很多東西，若不是我們怕別人撿去，我們一定會丟掉。」而我們需要面對的就是清空那些不再符合我們新目標設定的東西，把自己的頭腦、時間、精力都騰出位置，爲迎接新的人生目標做準備。因爲我們在做一件新事情的時候，需要投入，完全的投入。

從二十二歲開始，我花了十幾年的時間讓自己在經紀人的道路上成爲夢想中的自己。能到達這裡，靠的就是百分百的投入和努力。當我確定自己的目標發生轉移，成爲最好的經紀人已經不再是我的訴求的時候，我就應該立刻按下暫停鍵。我們都曾經在自我還不夠強大、不夠完整的時候去妥協和遷就，隨著自我逐漸完整，我們就能意識到身心合一、知行合一是多麼重要。

放棄型人格並不溫和，它是一種稜角分明的世界觀和方法論，自然需要每個人根據自己的具體情況進行甄別。這裡沒有絕對的對錯，而是在自我形成的過程中意識到，自己已經在不斷地超越曾經的那個崗位、那個工作、那個目標。在不斷重新適配的過程中，很多人會流連於從前，然而這樣勢必會放慢追求全新自我的腳步。

自我溝通是一個自帶柔性和溫度的概念，我們渴望善待自己、瞭解自己、寬慰自己。有時候，我們需要狠一些、堅決一些、強硬一些。這不是對自己的苛刻，而是因爲如果我們想要成爲一個最好的自己，就不能一直留戀過去的風景。

向前，才是我唯一的答案。

06

不知道要什麼，先從不要什麼開始

自我溝通中，迷茫之所以能夠困擾我們，是因爲我們通常不知道自己想要什麼。奇怪的是，無論再怎麼迷茫，我們也會堅定地知道自己不要什麼。

我不知道自己最喜歡吃什麼，但是我知道自己不吃茄子；我不知道自己穿什麼最好看，但是我知道自己穿短裙不好看；我不知道自己最想成爲哪個行業的佼佼者，但我知道我不想當公務員……

經常有剛畢業的大學生問我：「我不知道自己想要什麼，怎麼辦？」「我不知道自己現在應該做什麼，怎麼辦？」我的第一個回應就是問對方：「你不喜歡什麼？你不想擁有什麼樣的人生？」

當初，和很多迷茫的大學畢業生一樣，我也不知道自己到底想做什麼，我沒有特別清晰的人生目標，甚至連短期的職業目標都沒有。但是我並不迷茫，因爲我非常清楚自己不想要什麼。我讀大學期間就一直在兼職，做了七八份完全不同的工作。機緣巧合下，我大四時已經做到了衛視節目的總導演，但是我在工作中發現自己不適合做電視工作，也沒有意願做。不得不承認，喜歡和不喜歡是很個人的事，對我而言，我覺得電視工作太耗人了，想起當初的日日夜夜都會覺得可怕。

我不要做電視工作，我也不想做導演，對於導演系畢業的我來說，這個「不要」非常異類。我清楚地知道自己在藝術創作方面造詣有限，即便竭盡全力也注定了才華平平，但這一點也非常明確地把我指引上了經紀人的道路。

十多年以後，在我做經紀人也有了一些成績的時候，有人問我當初是如何堅定地踏上這條道路的，我的回答是：我當時並不堅定。我只是確認了自己不想做的事，所以在那個節點上排除了不相干的事，也排除了不願耗費精力的選項。**在自我溝通和自我定位當中，不是每個人都能一開始就找到自己的燃點的。我的建議是：不知道自己要什麼的時候，就先從自己不要什麼開始。**

二〇二〇年，我決定離開已經深耕了十多年的經紀人行業，也是這個道理。因爲我已經形成了過於完整的自己，而這個工作標準裡需要的妥協和隱忍我都做不到了。本質上，我認識到了自己「不配」再做經紀人這個工作，而別人怎麼看待我的成功與失敗，我也沒那麼在意。關鍵是，作爲公司的CEO，我還肩負著整個公司創新的使命。「坦然於未完成」，是我最眞實的感受。這世界上有些事情即便你熱愛，也不用一輩子都只做它，也不用非要做到最好，我可以把生命投注在更新的可能性裡。其實結束經紀人工作的時候，我並不知道自己要做什麼，但心態很放鬆，想先做一個過渡。我申請了一些國外的學校，想著萬一申請上了，就先出國充電。但疫情的暴發阻斷了這個計畫，也讓我和這個時代一起見證了直播行業的崛起。我開始著手建立自己的大尺碼女裝品牌，才發現原來這個夢想早已經深深地種在了心裡。很多人會覺得是我看準直播行業在先，放棄經紀人工作在後。事實恰恰相反，我只是隔空遇見了那個十幾年前年輕的自己，並再一次在做抉擇的時候和她擊了個掌。

「不要」不是簡單的放棄，不是衝動的停擺，不是魯莽的抽身。**「不要」意味**

著感知。會自我溝通的人對自己的內心一定有足夠的敏感度。畢竟我們不能欺騙自己的感受，違反內心的渴求去委曲求全。

沒有人能夠輕易地成全自己的「不要」，然後轉身離開。現實的種種總是將我們那個絕對的自我不斷拉向地面，而我們要尊重自己的不要，也要眞切地爲自己爭取資格。無論你當初是因爲什麼選擇了一個行業，都應該盡力做到最好，適應這個行業的變化，掌控這個行業的節奏，最後，是你選擇離開這個行業，而不是這個行業選擇了你的離開。

「不要」需要勇氣。我們的生活和工作都要面對慣性，在一個地方待久了，自然會更得心應手，自己之前累積的資源和人脈都能讓工作事半功倍。但是，如果我們的內心已經因倦怠而生了出走之意，就需要聽從自己的內心。這也是爲什麼有那麼多人拿著越來越高的薪水，嘴上卻一直說著自己變成了當初最討厭的人的樣子。我理解這種低頭，卻不贊同這樣的選擇。一個人要多不喜歡自己，才能向自己厭惡的方向狂奔而去？

回想自己所經歷的人生，無論是大學畢業，還是從奮鬥十幾年的行業離開，我從來都沒有因爲下一步的未知而害怕或迷茫。不知爲何，我們好像習慣了要確定「要」和「想」，才敢做出改變。「不要」和「不想」，早已經給了我們足夠邁出下一步的理由和底氣。

07

適合自己的，才是對的

在討論方法論的時候，大家會很容易陷入一個迷思。我們總是執著於尋找那些金光閃閃的秘笈，強調有效，強調有用，強調有料，彷彿只要別人都說好，自己就一定也能用好。在我看來，在尋找方法論的過程中，我們最應該問自己的一個問題是：這個方法適合我嗎？

良好的自我溝通，是找到好方法的前提。就算方法再好，一旦不適合自己，也不可能奏效。從方法本身的角度定義，良好的自我溝通和自我定位能幫助我們理清思路，進而準確地鎖定方法論。我們需要清晰地明白自己的性格，並勇敢地對公認有效卻不符合自己的方法說「不」。

就拿英語學習舉例，我一直希望能夠學好英語，但一直沒有足夠的時間。剛開始我非常認真地嘗試了公認的「細水長流」型學習方法，希望靠持續的累積進步，但很快我就意識到，這不是屬於我的方法論。我不是一個長線選手，但我是一個考試型人才。每次考試前，我都可以停掉手邊的所有事情，全情投入、全力準備並得到一個不錯的結果，這樣的時間週期基本穩定在十至十五天。

很顯然，任務感更強的短時間語言學習更適合我，當認識到這一點後，我也就和長線的英語學習果斷告別了。但很有可能這種方法對別人來說恰恰是最好的，所以本質上我要放棄的不是對英語的學習，而是不適合自己的方法。

要放棄那些別人口中的好方法不僅需要勇氣，更需要我們不斷地向內探索自己。我們總是被各種各樣的「別人的樣子」「別人的目標」「別人的生活」包圍，以至於常常忘了自己到底在哪裡。**自我定位，不僅停留在方法論的層面，更重要的是，它在引導著我們關照那個容易被忽略的自我。**

關於這個說法，我想舉一個大家都愛看的例子：美好的肉體。我們經常在社交媒體上看到俊男美女曬出自己的完美身材：馬甲線、人魚線、六塊腹肌、完美倒三角……然後，大量立即可取的方法飄入眼簾：「堅持做這三個動作，三個月練就反手摸肚臍。」「這樣吃東西，不用跑步也能擁有小蠻腰。」「這份清單上的動作能叫醒你的六塊腹肌。」釣魚式標題這樣的表達可以說是說服溝通中的典範。於是，在手機這邊的我們總是無法抑制自己的渴望，恨不得他們說什麼我們就做什麼，期待明天就能擁有同樣的身材。最後，總是在一次又一次做不到之後，陷入苦苦掙扎。爲什麼我掌握不了他們的方法？爲什麼我的肚子上還是完整的一坨肉？

這個時候，我建議把目光聚焦在一件事情上，「我」！清晰的自我定位意味著明白自己所處的位置：我和他們有什麼不同？我是否屬於以下這兩種情況？一種是他們的職業需要，他們若不是健身教練、體育運動員、演員或者網紅，有足夠的時間去完成練就身材的目標，獲取注意力是他們的生活方式、經營方式，甚至生存方式；不然就是把健身當作一種熱愛，這類人能夠從健身中獲得快感，獲得享受。注意，不僅僅是健身的結果讓這類人滿意，而是健身的整個過程就已經能夠讓他們舒緩壓力，獲得快樂。但是對於絕大部分人來說，健身都是很辛苦、很費力的，是爲了健康或者減重不得不去做的事情。訴求如果不同，那麼對應的運動時間、運動強度和運動方式就會不同。總而言之，結果就一定不同。

從動力的角度出發，對於自驅力主導的事情，每個人都會擁有極強的動力感，但是對於不得不做的事情，就會很痛苦。有很多人願意爲了自己的人生目標去做大量不得不做的事情，但是我不行。因爲這種選擇是痛苦的。我們的人生已經要被動地迎接很多痛苦了，這其中更有太多的未知跟挑戰。在我可以主動選擇的選項裡，我選擇放棄那些會給我帶來痛苦的選項，這是我自己的一個公式。

在自我溝通的過程中，我已經和自己達成了這樣的共識：我沒辦法讓自己的人生處於「不得不」的狀態，因爲這對我的精力耗損會非常大。我要用積極的正能量驅動自己，把眞正喜歡的事情做到非常好，超越一般人的好。相信我，這樣的人生即使不能百分之百成功，也一定有百分之百的幸福。

08

我在哪個象限？

時尚大師山本耀司有一句話很打動我，他說：「『自己』這個東西是看不見的，撞上一些別的什麼，反彈回來，才會瞭解『自己』。」

在自我溝通的過程中，我們需要這樣的對撞，因爲沒有對撞，我們就找不到對照的坐標，而沒有坐標的自我，是沒有根的。如何在自我溝通的過程中完成這種對撞式的自我尋找和自我定位？在這裡，我想介紹一個不錯的方法：四象限法。

四象限法是一個非常奇妙的方法，它的魅力在於能夠爲我們提供一個四分的視角，進而將世間萬物按照一定的邏輯包羅其中。橫、豎兩條軸一確定，四個象限就分了出來。要在一個抽象的環境中定位自己是很難的，但是有了這個坐標系，我們就能清晰地確認自己所在的位置。

舉個簡單的例子：我們以聰明爲豎軸，以努力爲橫軸，由此得到了四個象限。第一象限：既聰明又努力的人；第二象限：很聰明但是不努力的人；第三象限：既不聰明也不努力的人；第四象限：努力但是不聰明的人。

你屬於哪個象限呢？

一個有趣的問題是，自己落在這四個象限中的哪一個位置是最糟糕的？很多人的第一反應是第三象限，畢竟誰也不想成爲既不聰明又不努力的底層。但是仔細想一想，如果這個人不聰明，那說明方向或者方法就是錯的，如果他還努力，豈不是做得越多，錯得越多，給這個社會的麻煩也就越多。所以在我看來，第四象限應該是最糟糕的結果了。

我在北大讀書的時候，聽陳春花教授說起過這個模型。當時是按照能力和態度來構建這個坐標系的，豎軸是一個人的能力，橫軸是一個人的態度。這樣一來，我們就得到了四個象限。第一象限：既有能力態度又好的人；第二象限：能力很好但是態度很差的人；第三象限：態度和能力都差的人；第四象限：態度很好但是能力很差的人。

你屬於哪個象限呢？

這個坐標系裡有一個有趣的點，一般眞正態度差的人不會覺得自己態度差，所以在自我定位的時候，態度這個主觀因素很難打分。你可能也已經注意到了，這個方法非常明晰，但是如果想認眞地做自我剖析，還需要進一步的理解。說到四象限法，我的收穫主要可以分爲以下三個方面。

首先，四個象限的存在讓我們知道對比的力量。**沒有對比，就沒有傷害。沒有對比，也就沒有自我定位。我們要從社會現實的基礎出發去理解自己所在的位置，而不是按照自己的主觀意願去理解自己的所在。**

任何一個集體裡，人都會被分門別類，放入這幾個象限。我們要理解的是人的共通性和某個人的個性。有了這種心態，我們就會在對比中不斷確認自己的進步速度或退步速度，才知道自己的目標在哪裡。

更重要的是，有了這個思路，我們才不會被現實存在卻暫時無法改變的狀況擾亂心智。任何一個社會環境，都有強者，都有可以拍桌子、拿主意的人。你的風光，一路上都在被別人決定，可能你已經盡力了，態度夠好了，但有時候你還是會被排到最後面，因爲總會有人比你更努力，比你更優秀，這就是社會現實。

四個象限會讓你懂進退，不灰心。

其次，這個坐標系解釋了一個我們很容易忽略的事實：環境中的每個人都是動態的，一個人可能在這裡是第一象限，但有可能到了更高的平台，就會立馬掉到第三象限中。也可能此時處於第三象限，經過努力和時間的加持，未來大跨步進入第一象限。同樣，自己如果現在在第三象限，也會更清楚方向在哪裡。

在服從常態分布的條件下，這四個象限中不會有某一象限爲空的情況。我們幻想著如果把原來第三象限的那個人開除了，大家是不是最起碼可以保留在第二象限或第四象限，結果是：永遠會有人掉到第三個象限中。眞正厲害的公司，不是沒有第三象限的人，而是他們當中在第三象限的人去到任何一個別的系統，都能處於第一象限。

這會讓我們在自我定位的時候懂得人群中的必然，進而時刻謹記自己的位置隨時會被人取代。象限的坐標是隨時在移動的，我們不能讓自己會固定在某個地方，因為這個地方並不安全。

最後，四象限法是一種方法，我們可以用這種方法畫出很多種多元的坐標系，它可以提供多面向的視角讓我們進行有效的自我評估。在一次次對比和自我定位當中，我們能懂得很多原來覺得是一團亂麻的東西。能力和態度、重要和緊急、快慢和好壞、及時和長遠，不同的橫軸和豎軸將帶來不同的思考面向和方式。

說到這裡，透過一系列對比和分析，除了讓自己有更明確的目標和更正確的方法之外，我們還會學到一件最重要的事，那就是接受自己。四象限讓我們看到盡頭，看到極限，看到分類，看到形形色色的躍遷和下沉。只要我們不是在為自己的懈怠找理由，在真的盡力之後，或者在盡力的路途中，我們就會接受自己。

四個象限是我們和這個世界的對撞，對撞是為了讓我們意識到也定位到自己。但這不是最終的目的，最終的目的是：經過對撞，我們可以坦然地擁抱自己，在我們找到自己之後。

小作業

普魯斯特問卷的名稱來自《追憶逝水年華》的作者馬塞爾・普魯斯特（Marcel Proust）。他並不是這份問卷的發明者，但這份問卷因為他特別的答案而出名，並在當年時髦的巴黎人沙龍中頗為流行。因此，後人將這份問卷命名為 Proust Questionnaire。

在本書的結尾，希望能透過完成這份問卷，幫助你深度瞭解自己的價值觀、興趣愛好及特質。

很多事情我們很難確定自己的唯一答案，當然，答案也沒有對錯是非，也許還會隨著年齡的增長、閱歷的豐富、心態的進階而改變。你可以每五年做一次問卷，看看自己的心境有哪些變化。

小作業

PROUST QUESTIONNAIRE

姓名：

年齡：

1. 你認為什麼是最完美的快樂？

2. 你最希望擁有哪種才華？

3. 你最恐懼的是什麼？

小作業

4. 你目前的心境怎樣？

5. 還在世的人中你最欽佩誰？

6. 你認為自己最偉大的成就是什麼？

7. 你最痛恨自己的哪個特點？

8. 你最喜歡的旅行是哪一次？

9. 你最痛恨別人的什麼特點？

10. 你最珍惜的財產是什麼？

11. 你認為最奢侈的是什麼？

小作業

12. 你認為程度最淺的痛苦是什麼？

13. 你認為哪種美德被過高地評價？

14. 你最喜歡的職業是什麼？

15. 你不滿意自己外表的哪一點？

小作業

16.你最後悔的事情是什麼？

17.還在世的人中你最鄙視的是誰？

18.你最喜歡男性身上的什麼特質？

19.你最常使用的一句話是什麼？

20. 你最喜歡女性身上的什麼特質？

21. 你最傷痛的事是什麼？

22. 你最看重朋友的什麼特點？

23. 你這一生中最愛的人或東西是什麼？

24. 你希望以什麼樣的方式死去？

25. 何時何地讓你感覺到最快樂？

26. 如果你可以改變你家庭中的一件事，會是什麼？

27. 如果你能選擇的話，你希望讓什麼重現？

28. 你的座右銘是什麼？

把自己當回事 / 楊天真著. -- 初版. -- 臺北市：圓神出版社有限公司, 2024.08
240 面；14.8×20.8公分 --（勵志書系；161）

ISBN 978-986-133-929-0（平裝）
1.CST： 溝通技巧　2.CST：人際關係
177.1　　113007078

Eurasian Publishing Group
圓神出版事業機構
用心與你對話．視野無限寬廣
圓神出版社
Eurasian Press

www.booklife.com.tw　reader@mail.eurasian.com.tw

勵志書系 161

把自己當回事

放大你的優勢、聽懂別人的訴求，做個擅長溝通的人

作　　者／楊天真
發 行 人／簡志忠
出 版 者／圓神出版社有限公司
地　　址／臺北市南京東路四段50號6樓之1
電　　話／（02）2579-6600．2579-8800．2570-3939
傳　　真／（02）2579-0338．2577-3220．2570-3636
副 社 長／陳秋月
主　　編／賴真真
責任編輯／尉遲佩文
校　　對／吳靜怡．尉遲佩文
美術編輯／李家宜
行銷企畫／陳禹伶．黃惟儂
印務統籌／劉鳳剛．高榮祥
監　　印／高榮祥
排　　版／莊寶鈴
經 銷 商／叩應股份有限公司
郵撥帳號／ 18707239
法律顧問／圓神出版事業機構法律顧問　蕭雄淋律師
印　　刷／祥峰印刷廠
2024年8月　初版

定價 320 元　ISBN 978-986-133-929-0